文史哲學集成

朱曉海著

讀易小識

文史哲出版社印行

讀易小識 / 朱曉海著. -- 初版 -- 臺北市：
文史哲, 民 105.01 印刷
頁; 21 公分（文史哲學集成;176）
ISBN 978-957-547-381-5（平裝）

文史哲學集成 176

讀易小識

著者：朱曉海
出版者：文史哲出版社
http:// www.lapen.com.tw
e-mail：lapen@ms74.hinet.net
登記證字號：行政院新聞局版臺業字五三三七號
發行人：彭正雄
發行所：文史哲出版社
印刷者：文史哲出版社
臺北市羅斯福路一段七十二巷四號
郵政劃撥帳號：一六一八〇一七五
電話886-2-23511028・傳真886-2-23965656

實價新臺幣二八〇元

一九八七年（民七十六）五月初版
二〇一六年（民一〇五）一月（BOD）初刷

ISBN 978-957-547-381-5 00176

自序

值這本小書出版之際，不能不提到晏君强（Alsace Yen）先生。一九八二年春我正在麥迪遜威斯康辛大學進修。一個飛雪的寂靜午后，前往東亞系的系圖書室翻閣續經解，碰到晏先生。當時他正擬寫本有關周易方面的著作，因知道我嘗從屈萬里先生唸過尚書、周易，從事過上古子史方面的考訂，竟謙抑地將自己思索的一些問題提出與我討論。事後晏先生覺得我所言似尚有可取處，乃敦促我將左見形諸文字，以便他引用，於是我這才一頭撞進八卦陣的廬山霧海中。

書中不少看法與一般見解有相當出入，但自問心術，實仍恪守束髮即服膺的銘言而未易：

有同乎舊談者，非雷同也，勢自不可異也；有異乎前論者，非苟異也，理自不可同也。同之於異，不屑古今，擘肌分理，唯務折衷。（文心雕龍序志篇）

正因既不意圖標新炫奇，可放膽說些「非常異義可怪之論」，不求徵實；隨人脚步又未能解除胸臆多年積惑，爲求理得心安，以致固然在八二年返臺前夕初稿已屬定，但至少有一大半歷經十六度修訂。甚至一直到付梓前猶在燈下拊額商兌，不敢自必，惟恐別探式的研究變成了創作。

四年多來並非沒有聽過一些針對拙文提出的異議，所以未敢附從，在於：一，某些說辭犯了嚴重地形式主義的謬誤，而不自知。好比因今本艮象傳有句「君子以思不出其位」又見於論語憲問篇（只多個「以」字），再看到今本易傳裏有些正家、窒欲、敦仁的話頭，就將今本易傳比附作儒家作品，全然不作實質探究——所崇的德具體內容是什麼？爲什麼要崇德？如何崇德？似乎儒學就是些像勸世文、靑年守則式的處世格言可代表的。其次，不涉及某些論題並不意謂不知道某些論題。筆者有意不談實在是因爲它們或者屬於這門研究領域內的通識，如卦爻辭的辭例，或今本象、象傳寫定的大致限斷，五〇年代以前已討論到飽和點，不勞辭費。在這上面流連，除了轉抄——還談不上爬梳——一大堆成說，不過偶而添些無關大體的佐證，徒然耗人眼力，覆瓿嫌多。或者，像論語述而篇「加我數年」章一類的問題，究竟該從魯論讀爲「亦」，屬下文；還是該從老魯論——古論讀作「易」，屬上文，「五十」該連言；還是一字一讀，憑藉現有資源，一時尚難判定有關各假說那一種解釋效力較高，只宜存而不論。三，今日拙文所試圖呈現的不是零碎枝節的意見，而是在考慮過整個先秦學術文化、整個漢、魏前易學發展過程後一套系統下的解釋。雖陋鈍如我，在正式提出己見以前，徘徊在那些異議中不知早有多少次。後來所以篩棄，只因它們獨視固然可以言之成理，但若考慮到其它方面，那些觀點就無法照顧了，而我又未能獲聞質難者面對自身見解引發的疑點作出具說服力的安頓。我衷心期盼方家大雅肯在文獻考訂、思想史分析雙重嚴格的制約下另立一整套詮釋，那將不僅在學問上益我良多，更將卸除我深憂拙著誤導初學的心理負擔。

最後我要感謝鄭再發、梅廣、張以仁、林毓生、余英時、錢新祖、何佑森諸位師長曾撥冗審閱全書或單文，甚至予以謬奬。同時也得謝謝清華學報、幼獅學誌、港大東方文化學報惠允我將拙文彙刊出版。

末學朱曉海誌於清華園

讀易小識 目次

壹　周易幾個基本問題的擬測

一、易的釋名

小戴記祭義篇說：

> 昔者聖人建陰陽天地之情，立以爲易，易抱龜南面，天子卷冕北面。

鄭玄認爲：

> 易，官名，周禮曰太卜。太卜掌三兆、三易、三夢之占。

以所職掌的事作官名，乃是古代慣例，如司徒（土）、司空（工）、司馬，以至於宗祝卜史御右保衞，都是因循所司而命名，所以祭義篇這段話以及鄭玄的註解並沒有對我們關切問題的核心提供解答：何以占問神意叫易？以致掌管這事的人，和他們撰述的東西或說占問紀錄也叫易？那麼我們是否能倒過來推斷，由於官名叫易，所以該官職掌的業務也叫易？卽使如此，仍無從廻避下面的問題：何以這個官叫易，而不叫作册，不叫虎賁？

據周易正義卷首所引的易緯乾鑿度和鄭玄易贊、易論，他們認爲：

易一名而含三義：易簡，一也；變易，二也；不易，三也。

從該段話的上下文來看，這些漢代學者是說：道體有三種特性——純一性（易簡），作用性（變易），規律性（不易），而這三種特性可由「易」這個字的語義範疇涵蓋，因爲這本書始乾終未濟，講的是對道體的體會，所以叫易。換句話說，易等於是道的別名，易這本書是從它討論對象的性質來命名。但這種詮釋恐怕有「以漢制況周制」的嫌疑，與現代視易爲筮書的觀點頗有距離，所以有些學者試圖提出新的解釋。

好比余永梁在「卦爻辭的著成時代及其作者」一文中①認爲筮法簡易方便②，馮友蘭中國哲學史第一編第十五章第一節就本諸余說作斷語：

因其爲周人所作，故冠曰周；因其用法簡易，故名曰易。

容肇祖在「占卜的源流」一文中③第二節說：

著筮在殷無可考，疑當初是戎狄的占卜，到周勝殷，遂變易而興盛。易有更代的意義。易繫辭說道「易之興也其於中古乎？」，又說「易之興也其當殷之末世，周之盛德耶？當文王與紂之事耶？」或者就是起於這時？代殷而起，故又稱周易？姑且不論蓍筮法未必簡易，且殷代已有筮占④，這些說法基本上仍舊未脫鄭玄等替「易」這個語詞設定的範圍，只是將哲學的色彩抹去，換上經驗論的外衣。

今人高亨倒提出一個相當有意思的假設。他在周易古經通說第一篇第一節裏說：

筮官曰易，因而筮官之書亦曰易；猶史官曰史，因而史官之書亦曰史也。其本字疑當爲覡……卜筮原爲巫術，遠古之世，實由巫覡掌之。周禮卜筮之官有太卜、卜師、占人、簭人等，非初制也……說文：「簭，易卦用蓍也，从竹，从𢍰。𢍰，古文巫。」字通作筮。巫掌筮，故筮字从巫，其證一也。周禮簭人：「簭人掌三易以辨九簭之名，一曰連山，二曰歸藏，三曰周易。九簭之名：一曰巫更，二曰巫咸，三曰巫式，四曰巫目，五曰巫易，六曰巫比，七曰巫祠，八曰巫參，九曰巫環，以辨吉凶。」巫掌筮，故九筮之名皆冠巫字，其證二也。世本作篇：「巫咸作筮」（周禮龜人鄭注引），呂氏春秋勿躬篇文同。作筮者巫，則掌筮者其始必亦巫，其證三也。覡與巫同義，易與覡同音。筮官爲巫，而禮記稱易，則「易」蓋卽「覡」之借字矣。筮官之易既爲覡之借字，則筮書之易亦卽覞之借字矣。朱駿聲曰：「三易之易讀若覞」（說文通訓定聲「解」部），說雖無徵，確有見也。

高說甚辯。但論某字是某字的假借字，除了聲韻母必須貼切——易、覞韻母同在佳部；聲母雖有小間，覞爲中古匣母，易爲中古喻四，但相通應無問題——還須有文獻佐證，並非凡同音或音近的字都可相假，寫別字也有慣例的。嚴靈峯馬王堆帛書周易初步研究據馬王堆周易部份書影隸定帛書蒙卦卦辭作「初筮吉，再易瀆，瀆則不吉」，上下比照，似乎「易」當與「筮」同義，甚至就是「筮」的借字。誠如是，高說獲一強有力的佐照。但據一九八四年三月份文物發表的「馬王堆帛書『六十四卦』釋文」，知嚴氏顯然將「參」字誤識爲「易」，故高說猶待存疑。

我個人對易命名的由來並無懸解，只是覺得：既要臆測，爲何不循甲金文中「易」最通常的用法——錫、賜下手？今本繫辭中一句話「六爻之義易以貢」似乎透露了點消息。釋文告訴我們：

京、陸、虞作工，荀作功。

經義述聞第二據此以爲「貢」是「功」的借字，功訓作成。我看恐怕恰好相反，功才是借字。如果讀作「易以貢」沒錯，該怎麼解釋呢？易當是錫、賜，而錫這個字早期的語義並不限於上給予下，禹貢說：

禹錫玄圭，告厥成功。

僞孔傳解作「帝賜玄圭以彰顯之」，史記卷二夏本紀也讀作「帝錫禹玄圭」，都是由於不明古語語義才添字解經，扭曲語序。考察禹貢前面說荊州「九江納錫大龜」、揚州「厥包橘、柚錫貢」，知道錫本有以下呈上一義。召誥「太保乃以庶邦冢君出取幣，乃復入，錫周公」，以及堯典「師錫帝曰：『有鰥在下，曰虞舜。』」裡的錫也都該作呈獻解。妙的是貢字早期語義也不分上下授受。經義述聞第二六早已指出廣雅說貢是「上也」、「獻也」，爾雅卻說「貢，賜也」。難怪孔門高弟端木子名賜字子貢。那麼蓍占所以叫易是否可能本指凡人上呈疑問、神靈下授指示？這樣看來，韓康伯以告訓貢未必是臆說，只緣六朝人講古書不喜斤斤於文字訓詁，但求義解，倒反令清人誤會了。正因六爻本質乃是以個人疑難命蓍，神靈也通過這個靈媒指點吉凶，所以下文才說「聖人以此洗心，退藏於密」⑤，又說「八卦以象告」。

二、「得龜不易用蓍」辨

近人屈萬里先生在「易卦源於龜卜考」⑧的結論中說：

> 殷人的王畿之地在黃河下游，距江淮之間較近，交通也比較便利（山少），所以得龜也比較容易。周人僻處西陲，距江淮之間既遠，交通又甚不便利（多山），自然得龜甚難（周地產龜必不會多）。周人發明用蓍策以濟龜卜之不足，就地理環境說，是有其需要的。龜卜的手續繁瑣，筮策的手續簡便，就事物演化的通例說，是順乎自然的⑦。

按：卜、筮乃是兩個分流並峙，源遠流長的巫術系統，從上節高亨引述的資料來看，尤見筮與巫關係密切，巫既不可能爲某時代、某地域、某氏族所專，也就很難說筮是某氏族的發明。那麼是否可以說某種筮術，也就是說易卦這套筮術是周人的發明？由數字卦的發現看來，這種說法也難成立。至於說周人是首先使用蓍作爲筮卦工具的氏族，固然吾人不妨作此推想，但這也暗示：在這以前筮卦術用的本是另一種素材，周人改用蓍，乃是那一種素材來源不足，與該系統外的另一巫術工具足否無涉。卜系若習用龜甲，而龜甲來源匪易，周人大可使用羊骨、雞骨。

周人確有可能對易卦術作過某種重大改革，但傳述史料顯示：周人重龜卜依舊過於重蓍筮。左傳僖公四年說：

筮短龜長，不如從長。

小戴記表記篇說：

天子無筮。

隨便翻檢尚書、左傳，就可以發現：周代王侯們絲毫不因龜卜手續繁瑣而不用龜卜，也沒有因爲他們曾對易卦術下過改革工夫，而在求問神意時先筮後卜，反而都是先卜後筮。或許有人會說：這是周克殷以後的逆轉，因爲克殷後，周人勢力達到江淮流域，得龜不復困難，所以龜卜復見重。史記卷一二八龜策列傳說：

略聞夏殷欲卜者乃取蓍龜，已則棄去之，以爲龜藏則不靈，蓍久則不神。至周室之卜官，常寶藏蓍龜。

司馬遷沒有說明何以周人改變傳統巫術觀念而寶藏用過的卜龜，若按照上引屈氏的說法，很可以作如是推想：周人因卜材不易得，所以趨節儉，用後不棄。克殷後，雖然卜材來源不再成問題，但習染已成，加上周人居安思危的精神，所以仍繼續寶藏用過的卜龜。然而一九七七年在陝西鳳雛村周初甲組宮殿基址西廂二號房十一號窖藏發得一萬七千多片卜甲，七九年又在三十一號窖藏發得四百一十三片卜甲、卜骨⑧，明證未克殷前周人大量使用龜卜，而且鳳雛窖穴中垃圾雜物充斥，可見周人對用過的甲骨照樣廢棄，龜卜似不待克殷後中興大用。

但是學者或許會指出：鳳雛卜甲採用微彫術，在指頭大的一片龜骨上刻了三、四十個字，最小的字長寬僅一毫米，正顯示因卜材不易得，而按故習，卜後又須棄，所以在卜時充份利用版面。而周人之所以重龜卜過於重蓍筮，正因得龜不易。於是屈氏的地理環境論仍具有某種程度的參考性。因此下面有必要就問題核心——克殷前周人得龜易否進行檢討。

魯頌閟宮篇說：

后稷之孫，實維大王，居岐之陽，實始翦商。至于文武，纘大王之緒，致天之屆，于牧之野。

可見滅殷的計畫是大王一手制訂，但誰是這計畫的繼承人呢？魯頌說文武纘緒，但姬昌與大王間隔了一代，一般都知道是季歷，那麼是否只有季歷「三年不改父之道」呢？如果眞是這樣，大雅皇矣篇所說的：

帝作邦作對，自太伯王季⑨。

就很難解釋得圓滿了。周書世俘篇記載姬發滅殷後舉行大祭，「王烈祖自大王、大伯、王季、虞公、文王、邑考以列升，維告殷罪」。從姬發的立場說，太伯、虞仲是伯祖、伯邑考是兄長，依後世宗法制度，他們是不能預祭的，可是我們知道：雒誥篇曾說周初「肇稱殷禮」，而殷禮中有子繼位的直系大宗固然預祭，因兄終弟及法繼承過王位，或是曾立爲太子的旁系一樣也受祭，那麼至少從這個角度看，太伯等人應該不是踐過阼，就是擔任過儲君。論語泰伯篇說：

泰伯其可謂至德也已矣！三以天下讓，民無得而稱焉。

若太伯根本沒有居過位，也就無從說讓了；要讓，也總得要有天下可讓，或者至少具有讓天下的身份。

史記卷四周本紀、卷三一吳太伯世家都說大王有意通過季歷傳位給姬昌，太伯、仲雍孝體親心，就出奔到荆蠻，好讓季歷接位。太伯赴吳是事實，但理由恐不是讓。大約五十年前徐中舒在「殷周之際史蹟之檢討」一文中⑩提出創闢性的假說：大王訂下翦商計畫後，以幼子季歷守故土，而命令長子、次子率遠征師東向殖民經營。今日我試着坐實這項說法。

穆天子傳卷二說：

大王亶父之始作西土，封其元子吳太伯于東吳，詔以金刄之刑，賄用周室之璧。

明白顯示太伯赴吳乃是整個翦商計畫的一環節，絕非由於弟兄內鬨，或以父親所作所爲不忠，「不從，是以不嗣」（左傳僖公五年）。否則，克殷後姬發舉行告祖大祭，絕對會將太伯、仲雍除名。

其次，史記卷三殷本紀說：

九侯有好女，入之紂，九侯女不喜淫，紂怒殺之，而醢九侯。鄂侯爭之彊、辨之疾，並脯鄂侯。西伯昌聞之竊嘆，崇侯虎知之，以告紂，紂囚西伯羑里。

集解引徐廣說：

九侯一作鬼侯……鄂一作邘。

呂氏春秋行論篇、過理篇、韓非子難言篇、韓詩外傳卷十將被害者屬之鬼侯、梅伯，楚辭天問篇也說：

何聖人之一德，卒其異方？梅伯受醢，箕子詳狂。

歷來對這件政治巨變的傳聞異辭（一作鄂侯、一作梅伯）都不加注意，以致古史湮沈。史記卷三一吳太伯世家正義說：

吳，國號也。太伯居梅里，在常州無錫縣東南六十里，至十九世孫壽夢居之，號句吳。壽夢卒，諸樊徙吳，至二十一代孫光，使子胥築闔閭城，都之，今蘇州也。

正義又引括地志說：

太伯冢在吳縣北五十里無錫縣界西梅里鴻山上。

以居地作稱號乃是上古通例，如晉又號唐、又號翼，魏又號梁，韓又號鄭，可見梅伯就是吳伯。吳後來固然自稱王，春秋經依史家筆法稱吳子[11]，但從國語吳語看：

夫命圭有常，固曰吳伯，不曰吳王。

似乎吳君本當稱吳伯。梅伯既是吳伯，何以又作鄂侯呢？詩周頌閔予小子之什絲衣篇說：

不吳不敖，胡考之休。

毛傳訓吳為譁；魯頌泮水篇說：

烝烝皇皇，不吳不揚。

鄭箋也將吳釋作譁。這種訓釋很怪，幸好說文保留了條線索，說文卷二說咢的意思是譁訟，而吳咢兩字上古同是疑母魚部，可見毛、鄭將吳讀作咢。我們又知道鄂从咢聲，兩字可相假，史記卷四十楚世家的熊咢，在卷十四十二諸侯年表中作熊鄂，爾雅釋樂說「徒擊鼓謂之咢」，釋文說別本作鄂，那麼吳伯又稱鄂侯也不足怪了。

最後，近年考古發掘所顯示的現象也爲「吳乃西周武裝殖民」說提供佐證。六〇年代在蘇南，皖中一帶的考古形成「湖熟文化」的提出。湖熟文化雖說明顯地繼承了龍山型文化，但實在是以繩紋陶爲基礎，滲有北中國商、周靑銅文化影響的文化。據曾昭燏、尹煥章的研究。指出湖熟文化區的陶器在形制、花紋方面與晚殷、早周的銅器極爲近似；在石器方面，石戟與石鏃在形式上與殷周的銅戟以及殷墟發掘到的銅鏃也相近似；以銅器與殷周銅器相較，也都是晚殷、早周的款式，在在證明北中國文化早在殷周之際已輸入長江下游。但就湖熟文化的全面來看，銅器的許多其它方面看不到相對應的北中國文化成份，必須視爲當地製造，因而展示了地方文化傳統的特色影響⑫。張光直在他的第三版 The Archaeology of Ancient China 一書第九章第二節指出：現今在吳地發掘的西周式銅器乃是土著繩紋陶偏布區中的孤立文化島嶼，這種西周式銅器文化所以在長江下游出現很可能是由一群北中國秀異階層帶來。張氏也特別提起太伯仲雍的「傳說」作爲參考。

前面曾引到論語泰伯篇中孔子評述古史的一段話，至德云云應非「不知有漢、無論魏晉」，大概是像後來公羊家所說「文與實不與」的點化之辭；服事殷乃是周人力不及時的低姿態；三分天下有其二倒含部份事實，但須要略作分疏。我們知道周克殷後仍自稱小邦周、稱殷作大邦殷或大邑商，這與謙抑疾敬德無涉，乃是國力事實的自承，淮南子要略篇就說：

文王欲以卑弱制強暴。

左傳昭公二十四年引太誓說「紂有億兆夷人」；史記卷二五律書也說紂如桀一般「百戰克勝，諸侯懾服」，都顯示殷末武力頗強，若非周人兩面包抄，同時對一些第三勢力，如楚，裹脅，根本無法瓦解這東方盟主的權勢。董作賓殷曆譜曾指出一個有趣的現象：殷伐人（夷）方的記載只出現在第五期帝辛的卜辭裡，而這正是姬姓子孫纘太王之緒的時候。過去都含混地以人(夷)方指殷東境內的屬國，這是不確的，經陳夢家在殷虛卜辭綜述第八章第八節的考訂，知道紂所伐的人（夷）方在蘇，皖中部淮水流域，這裏正是吳伯的勢力範圍，也是所謂湖熟文化區。我們知道：殷本起自東方，它的基礎正在「億兆夷人」，殷亡後，對於周的主要威脅也來自殷的東方盟國，好比奄、蒲姑、萊等。世傳飛廉、惡來是紂的兩個幸臣，孟子滕文公篇下說：

驅飛廉於海隅而戮之，滅國者五十。

飛廉往東出奔，正因東方是殷的磐根所在。紂似乎沒有理由鬧內鬨。所以我懷疑：左傳所說紂伐的東夷指的是周人在東方的部隊，也就是吳伯的武裝殖民部隊⑬。說東是就地理位置泛稱，並非從種姓政治來源說；說夷可能是殷人對敵對力量的鄙稱，或者是就吳伯驅使的土著種姓而言。紂面對東方周人的騷擾，所作的反應除了軍事上的征伐，政治上的陰謀是另一條途徑。左傳昭公四年曾說：

商紂爲黎之蒐，東夷叛之。

蒐乃田獵，也藉此校閱習練武備，但怎麼會搞得東夷叛呢？若說戰爭後進行蒐獵，這確是上古常事，甲骨卜辭所載不說，周書世俘篇就記載姬發克殷後大狩，但這應是先叛再征，而非征後而叛。我看這恐怕是漢高遊雲夢的三代版，商紂假意開政治協商會議，而後將計誘前來的敵首翦除，於是暫時緩和的頡頏再度恢復。這個中波譎在春秋時期通過晉人評述楚人行事還留下蛛絲馬跡，左傳宣公十二年載晉欒武子對敵情的報導：

「楚自克庸以來，其君……在軍無日不討軍實而申儆之于勝之不可保，紂之百克而卒無後。……」

昭公十一年載叔向（晉大夫）論楚侵略蔡國：

楚王奉孫吳以討於陳，曰：「將定而國。」陳人聽命，而遂縣之。今又誘蔡而殺其君，以圍其國，雖幸而克，必受其咎，弗能久矣。桀克有緡以喪其國，紂克東夷而隕其身……天之假助不善，非祚之也，厚其凶惡而降之罰也。

按：龜甲獸骨文字二、一三、九：

□寅卜，在卑貞：（王）𦎫歙美，□受又鹿。

殷虛書契前編二、一八、三：

丙辰卜，在卑貞：叀大又先，□歙美，卑利，不雉衆。

可見殷末殷與楚有衝突⑭。從鳳雛H11 第十四及八三片甲骨知道：當時楚與周串在一起，鬻熊是否擔任過姫昌師不得而詳，但楚君「往歸」「來告」周是事實。殷周之際種種兵符陰謀當在歷代楚君所教學的「故志」裡，好「使知廢興者而戒懼焉」。楚莊王在滅庸走濮（請注意：從牧誓得知這兩國都是周人的舊盟邦）、爭晉霸、問周鼎的當頭，自然想起周人昔年對付對頭使用消耗戰術的教訓，因爲當時大邦殷就是在腹背受敵，不堪兩面作戰的情況下衰敗的。「紂之百克」豈是他眞的好窮兵黷武，乃不得已也！果然，晉人拿楚沒轍的時候，不就又重施統一戰線的家法，聯吳困楚？晉君眞說得上是「善繼人之志、善述人之事者也」。楚人也不含糊，頗能法古用「殷」。靈王以計誘殺蔡侯，直追紂醢梅（吳）伯的傑作，這就難怪叔向將二事並提，以爲古今映照了。

綜上所述，如果殷周際華北用龜主要來源自江淮，周人得龜應沒什麼大困難，反倒是殷，東南有吳的騷擾作梗，南方至少楚已比於周，得龜不便的恐怕在東鄰而非西鄰。實際這項問題不能如此孤立處理。看卜辭知道：殷人對它盟下邦國經常徵納龜，這些邦國位置不盡在東南，它們從何得龜來貢？詩大雅文王之什靈臺篇說：

王在靈囿，麀攸鹿伏。麀鹿濯濯，白鳥翯翯。王在靈沼，於牣魚躍。

孟子梁惠王篇下引此段說「民樂其有麋鹿魚鼈」若這個「鼈」字不是孟子出自時語習慣或順口連及，那麼姬周當時是否也養龜？論語公冶長篇說魯大夫「臧文仲居蔡」，不詳蔡是生是死，但從古人將凡宗教上所用生物都先豢養一段時間以求敬肅潔淨以及莊子至樂、達生兩篇影射臧文仲供養海鳥爰居的傳說，似可作生蔡想。史記卷一二八龜策列傳曾道：

余至江南……江傍家人常畜龜，飲食之。

殷周時華北氣溫還相當和暖，所以卜辭中佃獵物常有犀、象，那麼說當時各國有養龜池沼似乎不盡屬奢想。但我認爲眞正關鍵所在乃是當時殷人建立的邦國聯盟在周人剿撫並用的策略下逐漸解體，原隸屬殷畿下的不少轉入周盟，別的不說，連殷宗親微子都在那兒「靈處」。勢力範圍漸隘，收取的貢龜自然也相對減少，偏偏人遭困境愈發想呼天籲祖。尚書西伯戡黎說：

西伯既戡黎，祖伊恐，奔告于王，曰：「天子！天既訖我殷命，格人元龜，罔敢知吉。」

或許不妨從這方面去體會。

三、重卦說的檢討

長久以來，「重卦」就是易學中的一項重要觀念⑯。討論雖夥，淆誤也不少，今天我們試着釐清這項觀念所可能涵攝的說法。

第一種說法是，在實際揲蓍布爻的過程裡，按照某種方法先布出三爻，成爲一般所謂的單卦。從第四到第六爻，不重複使用某種方法，直接就單卦爲基礎加倍。今本繫辭傳曾說：

> 四營而成易，十有八變而成卦，八卦而小成，引而伸之，觸類而長之，天下之能事畢矣！
>
> 八卦成列，象在其中矣；因而重之，爻在其中矣。

似乎就已經有這個意思了。按：所謂加倍，若是按照原有三爻加倍，還是原來的卦，也就是一般所謂的純卦。布爻得出的卦數依舊是八個，只是每卦的爻數增加了，在決疑功能上未必有助益。若加的不是原三爻，那加某一組三爻，而不加其它組的三爻，理由又何在呢？邵雍、朱熹主張一卦的完成乃是「逐爻漸生」，這當中誠然有他們自己的哲學先決影響，但徒就這部份論，並無大謬。胡渭爲駁宋人圖書學，苦持「明是倍三爲六」⑰。表面看起來，他頗有依據，實際上他沒弄懂今本繫辭的「重之」並非說三爻翻一番成六爻，而是說重複使用上述得前三爻的方法。邵、朱說法的理論依據在「易有太極，是生兩儀，兩儀生四象，四象生八卦」一節，至於實際上每一儀、象如何生出，至少朱熹是本諸今本繫辭「大衍之數五十」一章的程式，這種布爻得卦法是否就是殷周筮人所採用的方法，有存疑的必要。假使不是，而當時用的某種方法是一次得出下三爻，依我們上面的分析，要得上三爻還是得將某種方法再使用一次。如果就此說重卦，實際等於說重複布爻法。

第二種說法是：在太古時期，布爻決疑的卦只是八個三爻的卦，就以這八卦二十四爻斷吉凶。後人將太古使用的卦複雜繁衍化，以排列組合的方式形成六十四卦，以六十四卦三百八十四爻來斷吉凶。複雜繁衍的理由基於人類文明演進的觀點——認爲當人類生活性質、層面較素朴的時候，所需占問的事態相對地較少，因此占問系統本身在量的方面也較簡略；等人類生活性質、層面複雜豐富後，所需占問的事態也多，因此占問系統隨着需求量、質的增多有待擴充。按：這種說法並非沒有道理，但一項問題並不能如此單線式地對待。當我們說人類文明較低落的時候，不止意謂物質生活水平低落，生活涉及面狹隘，同時也指人類智識水平低落、精神領域貧乏，事實上物質生活粗糙、不能獲得改進，與智識技能的不發達密切相關，這才造成人們無論是對未知事的決擇或對已經歷事物的解釋，都有訴諸一超自然力量的強烈傾向。任何一種巫術在這階段若是素朴的話，乃是內部系統發展問題，並非外在環境對它的需求量不大、不多，事實上這段時期的需求量反而是相當高的。等人類文明較進昇，對人事物較能掌握、有較清楚正確的認識後，對超自然力量的需求倒有降低的可能。

今天所見到的殷周之際的易卦是由一、五、六、七、八五個數字作元素組成的六爻卦⑱。就目前這極有限的材料來看，除了第四爻尚未見到「五」，其餘各爻都曾出現過這五個數字，依排列組合的計算法，可得出一萬兩千多個全然互異的卦。如果將相鄰兩爻出現的數字有互斥的可能計入——雖然目前還看不出有這種現象，至少也還會有千餘全然互異的卦。對照今本周易只有六十四種全然互異的卦，易卦在周初的發展顯然是由繁化簡，而非由簡入繁。就今本周易來說，應是由一萬多個或千餘個六爻數字卦改造化約爲六十四個六爻符號卦，而不是在符號卦內部系統中由三爻階段衍生爲六爻階段⑲。

而且我們還沒有考慮到：在數字卦裏二、三、四、九出現與否的問題。張政烺認為：二、四歸併到六；三歸併到一，九字根本不用。這種推想未始不可能，因為從今本繫辭「大衍之數五十」章的筮法來看，知道春秋時的易卦在揲蓍過程中可出現七、八，但正式書卦時，却併入九、六兩項下。不過這種推想畢竟還是相當危險，因為今日所見到的三十來個數字卦只是當時易卦的隻斑片羽，憑藉如是有限材料作如彼推斷，猶同過去某些學者將現存甲骨上未見的字視為殷周時根本不存在。何況張氏在他文後補記中也承認，據一九七九年江蘇海安縣青墩遺址的發掘，出土骨札和鹿角枝上有八個六爻易卦刻文，使用到了二、三、四。而海安縣青墩的出土物屬於新石器時代。這固然可以解釋作筮術的不同造成所用數字的不同，但也未始不可能是數字卦系統內部也在遞減使用的數字，甚至是暗示：殷周之際的數字卦照樣用二、三、四、九作爻位元素，只是這都份還未出土。無論如何，符號卦用的數字少於數字卦，符號卦的總數量更是少於數字卦的總數量，應是不爭的事實。

我們稱今本周易的卦為符號卦，那是因為它的基本構成元素——「⚊」和「⚋」是符號。誠然，殷周之際易卦的構成元素——數字從中國造字原理上來說，也是一種強行約定的符號，尤其是五以後的數字。但這些用作數字的符號，已經納入語言文字的範疇，各賦予一個相對固定的讀音，而「⚊」與「⚋」則始終處在純粹符號階段，與交通標誌、旗幟上的徽章同層次，既不能直接把「⚊」讀成九，更不能將「⚊」讀爲陽，至多只能說「⚊」代表九。表面上看起來，純粹符號階段似應早於數字、或說文字階段，但我們若仔細觀察，就發現：既然今本周易中的「⚊」代表的是屬奇的七、九，「⚋」代表的是屬偶的八、六，總是先有被代表的東西，才有代表的東西出現，符號卦顯然是由數字卦改造過來，因此才仍不免有九、六兩個字隱伏殘留在當中。數字卦系統本身是否有從三爻衍進到六爻階段的發展，雖不能詳，按理確有可能，但符號卦恐怕一開始就是六爻，由六爻的數字卦改造過來，在符號卦系統內不存在重卦——由三爻衍進到六爻階段的過程。上述文明演進的說法對今本周易的卦而言是不相干的。

第三種有關重卦的說法是從哲學的立場出發，可以孔穎達在周易正義卷首中的話作代表：

伏羲初畫八卦，萬物之象皆在其中……雖有萬物之象，其萬物變通之理猶自未備，故因其八卦而更重之。

意思大概是說：八個三爻的卦只是靜態地表徵了構成宇宙萬物的八大元素，至於宇宙在實際上如何構成必須在八大元素交互運作中方能獲得圓滿說明。八大元素交互運作，如藉用符號的形式表示就是重卦。周易的主旨不重在說明構成宇宙萬物的素材，乃在於指示宇宙中的律則，以便作爲人行動的參考。在孔氏的說法中，畫卦和重卦乃是兩種取向不同的手續，無所謂時間序列上的先後關係，所以認爲伏羲既畫卦，又重卦。這種從形上宇宙論的角度解釋重卦，恐怕是先秦諸子學勃興以後的事，在巫術瀰漫的上古時期能否有這樣的觀念，不能不令人置疑。

屈萬里先生在「易卦源於龜卜考」一文中認爲：畫卦、重卦同時完成，無所謂「異時分成」，因爲：

三畫之卦不能變動，根本沒法子占筮；只有六畫之卦，才能用以揲蓍布爻。

屈氏這段話很含糊，我們不知道他所謂的畫卦、重卦究竟是什麼意思。如果只是借用陳詞詞面，來表示今本周易不存在一個由八卦二十四爻衍生到六十四卦三百八十四爻的階段，與本文看法固然一致，但所提兩點——不能變動，無法占筮却不足爲據。依汪寧生「八卦起源」一文⑳中引述的近代民俗調查，知道中國少數民族的數占法常以三個數目排成一個「卦」來判吉凶，可見爻數多寡並不構成實際占問上的困難。再者，目前所推擬出最早的求變爻法㉑固須與六爻卦配合，但這套法子應只是筮法中的一種，儘可另有一套爲三爻卦求變爻的法子，假使眞是無變爻即無占斷的話。如果屈氏所說的畫卦，重卦並非只是借用陳詞詞面，我們不禁想問：既然三爻無法占斷，畫卦形同贅餘，要畫的話，何以不一次畫六爻？而畫三爻與畫六爻之間究竟存在着什麼本質上的差異，使得三爻以後只宜重、不宜畫？孔穎達對此有所解釋，儘管解釋殆非故實，但就它內部系統而言，這樣的推理與結論畢竟還是自足的。屈氏未必肯認孔氏的哲學觀點，却又未見別有說辭，我們也就無法進行深一步的檢討了。

傳統易學中有項與重卦關係密切，甚至可說桴鼓相應的說法，就是每一個六爻卦有貞（內）、悔（外）的區分，下三爻叫貞；上三爻叫悔。但卦有貞、悔的說法有待嚴格追究。首先，檢點周易中用貞、悔處，如革卦卦辭：

利貞，悔亡。

巽卦九五爻辭：

貞吉，悔亡。

貞絕不指內，悔絕無外義。以貞、悔用作內、外卦的代號最早見於左傳、國語。那麼是否可能在周初形式上雖然不用貞悔這種字眼來指謂內外卦，實際上却有卦分內外這種觀念、用法存在呢？贊成這種說法的人常指出今本周易有一特殊現象，用序卦正義的話說：

今驗六十四卦，二二相耦，非覆卽變。覆者，表裏視之，遂成兩卦，屯蒙、需訟、師比之類是也；變者，反覆唯成一卦，則變以對之，乾坤、坎離、大過頤、中孚小過之類是也。

可見周初筮人有爻位互動的概念。何況泰卦（☷☰）卦辭說「小往大來」、否卦（☰☷）卦辭說「大往小來」？因為按照他們的解釋，泰卦卦辭是在說：站在泰卦的立場，乃否卦的三陰爻由初、二、三位反轉到上、五、四位，否卦的三陽爻由上、五、四位反轉到初、二、三位，由於陽曰大，陰曰小㉒，所以說「小往大來」。用李鼎祚周易集解所引虞翻的話說就是：

坤陰詘外為小往；乾陽信內稱大來。

若站在否卦的立場，正和泰卦的情形相反，所以說「大往小來」。爻位既反轉互動，我們將立卽發現：初、二、三爻是一組，與上、五、四爻這組依序相對，這不正是實際上存在着一卦二分嗎？但這些論證是大有問題的。首先，從馬王堆周易的出土知道：今本周易的卦序並非唯一的㉓。按馬王堆周易卦序，泰卦前是坤（䷁），後是謙（䷎）；否卦前是乾（䷀），後是遯（䷠），絲毫不見相鄰兩卦爻位有「非覆卽變」的現象。其次，採用陰陽或柔剛來指謂「--」與「—」是相當晚的事。汪寧生認爲起初「—」可能代表的是奇，「--」可能代表的是偶。這種說法頗近眞，與卦是數系相吻合。史記卷一〇九李將軍列傳說：

大將軍亦陰受上誡，以爲李廣老、數奇。

從史記卷一二八龜策列傳知道漢武在拓邊時，「尤加意」於卜筮，以奇偶代言窮達咎利或許正是上古筮術術語的殘遺。而奇偶的大小是不定的，如四是偶，固然小於屬奇的五，却大於屬奇的三。若照今本繫辭傳的說法：

天數五，地數五……天數二十有五，地數三十。

應該以偶爲大、奇爲小。若再按照後世將偶奇等同爲陰陽的說法，陽反而應是小，陰才是大。但以上所述基於一項前提，就是將奇偶當作奇數偶數講；如果不採取這種講法呢？這就涉及一項更基本的認識。當我們說大小時，乃是將經驗世界中兩項事物量化後作比較，不論量化過程中採用什麼單位，基本上都是可以數計的。好比當我們說甲的權力比乙的大，是指甲能控制掌握的範圍或事物比乙所能掌握控制的多；又好比當我們說丙的學術影響力比丁的大，是指接受丙的學術概念的人數比接受丁的人數多。陰陽或偶奇乃是兩項形上原理，或說是道體的兩種屬性，並立互補，非可經驗的對象，能否採用量化數計的手段，頗成問題。第三，撇開泰否卦那兩句卦辭不論，其它所有的卦辭沒有對卦本身作組成解析的，這兩句不應例外。蹇卦初六「往蹇來譽」、九三「往蹇來反」、上六「往蹇來碩」的往來都不指爻位變動；依今本周易卦序，蹇（䷦）後是解（䷧），按正義的說法，蹇解兩卦彼此爲「覆」而解卦卦辭說：

利西南，无所往，其來復吉，有攸往，夙吉。

往來顯就地理方位言，與爻位無涉。屯卦九五爻辭：

小貞吉，大貞凶。

否卦六二爻辭：

小人吉，大人否。

小過卦辭：

可小事；不可大事。

這些大小都是對經驗世界事物的限定語，泰否卦辭的大小或許是汎指所有大小事物，因而將被限定語省去，與爻質無關。所以，若純就今本周易——不論卦序或卦爻辭來看，它並沒有提供什麼證據支持在周初卦有貞（內）、悔（外）觀念存在的說法。

我所以說「純就」，是因爲若從筮術實際運作的角度來看，一個六爻的卦確有被二分的可能。這話怎麼說呢？當筮人用一個卦說明神意、指示求問者，應有某種解析法，一卦二分是各種解析法中的一項可能，至少從左傳、國語的記載看來，春秋時的筮術運作就是如此。一旦二分，就會立卽發現：六十四個六爻的卦可化約出八個三爻的公因子，回過頭來再看六十四個六爻的卦，倒像是它們本是由八個三爻的卦組成的，而每一個六爻的卦本是兩部份合成的，由前者衍生成日後的重卦說；由後者形成卦本分貞悔的概念。但綜上所辨，我疑心在符號卦的發展史中，沒有重卦階段，它乃是由六爻的數字卦改造過來，一開始每卦就是六爻；八個三爻卦乃是在解析六十四個六爻卦的過程中領悟出來，可將這段發展過程稱作約卦階段。後人恐怕是倒果爲因了。

四、易象別詁

在古代，龜卜和蓍筮被視爲兩個系統。左傳僖公十五年傳：

龜，象也；筮，數也。

藝文類聚二兩類引六韜：

文王問散宜生：「卜伐殷吉乎？」曰：「不吉。鑽龜，龜不兆；數蓍，蓍不交如折。」

史記卷一二八龜策列策：

夫擲策定數，灼龜觀兆。

論衡卜筮篇：

子路問孔子：「豬肩羊膊，可以得兆；雚葦藁芼，可以得數，何必以蓍龜？」

雖說龜卜和蓍筮是兩個系統，但在古代實際的巫術運作中，兩者却常常緊密關聯；小雅杕杜就說：

卜筮偕止，會言近止，征夫邇止。

衞風的氓也說：

爾卜爾筮，體無咎言。

正由於卜筮常常並用，所以才有洪範所說「龜從筮從」、「龜筮共違」的現象。至於小戴記曲禮篇上以及表記篇說「卜筮不相襲」恐非故實。龜蓍既然並用，蓍筮所得的結果很可能就刻在龜兆旁，以便比較參照㉔。現今發現記有數字卦的四盤磨甲骨有鑿、張家坡甲骨有兩個圓形的鑽、鳳雛甲骨不但有圓形的鑽和鑿，並且有灼痕和卜兆，可見這些記有數字卦的甲骨都是卜骨㉕。如果我們的了解不錯，卦本身固然無所謂圖象，卜龜上灼出的兆紋可視爲易卦的圖象。人們對同一件疑惑，經由不同的材料、方法、儀式向神靈求問，神靈也就針對同一件疑惑，透過不同的材料、方法、儀式給予相應的指示。從外表看，神靈指示的體現截然不同，一方是圖象，一方是數字，但既是針對同一件疑惑所給予的指示，指示本身應該是一致的，而指示所憑賴的形式也應該相通、可以相互說明的。就如同同一個數學定理，固然可以符號表示，也可以用文字敍述，文字與符號的形式差異無礙該定理的實質。

前文說過：筮人在說明揲蓍所得的卦時，當有某種分解綜合法，而卜人在解釋龜兆的時候，很可能也須經過分解綜合的手續（見下文），將出於同一神靈指示下的某龜兆和某卦數相比配，因而以易卦某部份也就等於代表某象，乃是相當可能的事，我懷疑今本說卦言象部份就是這種相互說明解析法下部份遺存的簡約彙編。今本說卦的寫定時代可能不早，但言象部份所反映的易學却可能出現得極早㉖。黃震日鈔冊一卷六說：

> 愚恐此是古者占卜之雜象，如今卦影然，每卦各有不一之象，占得某象者，即知爲某卦。

陳澧東塾讀書記卷四引黃文而加按語：

> 當云：占得某卦者，即知爲某象。

在我們看來，兩人的說法都通，只在於從那個角度出發：以蓍數爲本位，龜兆就成了卦象；以龜象爲本位，蓍數就成了卜數。今日與六十四卦相對應的龜兆不存，徒就卦本身來看當然看不出今本說卦中所提到的象。至於後世經生自以爲看出的象，如周易集解引宋衷的說法，認爲小過（䷽）一卦上二爻和下二爻像鳥翼舒展，或者如朱子語類卷六六引程沙隨的說法，以井（䷯）爲蝦蟆象，上爻是前兩足、五爻象頭、四爻象眼、三二兩爻象身、初爻象後兩足，都屬任意附會，瞎子摸象㉗。

左傳昭公二年：

晉侯使韓宣子來聘，觀書於太史氏，見易象與魯春秋，曰：「周禮盡在魯矣。吾今乃知周公之德與周之所以王也。」

近人很懷疑這段記載，因爲他們將這裡說的易象當成今本易傳中的象傳或彖傳，而照一般的意見，今本彖、象傳編寫成書最早不過戰國中葉，在韓宣子的時代，從何見得到呢？但也有人因此主張今本彖、象傳的著成時代限斷該提早到春秋末葉[28]。只怕這兩種說法都沒摸着邊際。從左傳昭公五年、定公元年、哀公二十三年的傳文知道：當時各國都有守龜；據小戴記表記篇說：

諸侯有守筮。

昭公二年傳的易象恐怕指的是記錄魯國歷來龜兆以及與龜兆相應的易卦數的書，這種書稱易象固然可以，稱爲龜數也未嘗不可。

尚書金縢說：

乃卜三龜，一習吉，啓籥見書，乃幷是吉。

馬融、王肅、僞孔傳都將這個書字解作占兆書，經義述聞三以爲書是占兆之辭，籥才指的是記兆辭的簡書。不論是那種解釋，我以爲周公所看的不是單純的兆書，而是附有與象相應的卦數的書，與韓宣子看的易象同屬一類。在這次求問神示的過程中，龜兆吉是已經確定的事，不待再翻檢占兆書，所要確定的乃是神靈在另一個系統是否也如是反應。所謂「乃幷是吉」當就是洪範所說的「龜從、筮從」。

但是上面對古書兩處新的詮釋基於一個前提：古人曾將手邊各種兆象整理紀錄下來，有嗎？周禮春官太卜：

太卜掌三兆之法：一曰玉兆，二曰瓦兆，三曰原兆，其經兆之體皆百有二十，其頌皆千有二百。

鄭玄把頌解作繇，對照下文：

（三易）其經卦皆八，其別皆六十有四……（三夢）其經運十，其別九十。

互文見義，頌恐怕應當是經兆之體進一步的分化，該讀作容，而容也就是我們所謂的象。這些象經過整理歸納，有一定的數目，爲太卜所掌。或許有人認爲周禮所說不一定是史實，但試看左傳僖公二十五年記載晉文公命卜偃卜問勤王，卜偃在卜後說「遇黃帝戰于阪泉之兆」；六韜文師篇說：

文王將田，史編布卜，曰：「田於渭，將大得焉。非龍非彲，非虎非熊，兆得公侯，天遺汝師，以之佐昌，施及三王。」文王曰：「兆致是乎？」史編曰：「編之太祖史疇爲禹得皐陶兆，比於此。」

語氣充份顯示：卜人當時看到的兆象與遠古流傳下來的某兆象相合，如果當時對於龜兆沒有記錄整理，卜人是無從這樣信口引用的㉘。漢志數術略不明白登錄了好幾種龜書嗎？

龜兆亡而易象不可見，這種情況可以從詩、禮的流變上得到相映參證。詩三百本來篇篇可以歌，有的還與舞一體，所以一篇詩可能包括歌辭、歌曲、歌容三部份。如今後兩部份失傳，徒就歌辭部份就很難想像關雎末章如何洋洋盈耳，更無從了解稱美周代先王開國功業怎麼會稱出「總干山立」「武亂皆坐」。歷來讀到左傳襄公二十九年季札觀樂一段，總是將觀字含糊帶過㉚，因爲按照後世的觀念，詩是文字的組合，和視覺官能相應；音樂是聲律的組合，應該與聽覺官能相應，既然這樣，豈能說觀樂？季札又不是沒有文化教養的俗人或稚童，豈有把欣賞音樂當成看熱鬧，看排場？如果瞭解詩在上古時候的實況——辭、曲、容密切關聯，觀樂就是觀詩、觀舞，所以左傳作者才將季札所見的象箾、大武、韶濩等各種大規模舞蹈都納於「請觀於周樂」的範圍內。漢書卷三十藝文志六藝略樂類說：

> 漢興，制氏以雅樂聲律世在樂，頗能紀其鏗鏘鼓舞。

言樂及舞，尚存古意。以歌容爲本位，既可說觀樂；那麼以歌辭爲本位，自然可以說聽詩了。

禮本來不過是古人在宗教、社交、政治、家居生活中大體肯認的具體儀式、行爲、姿態。習禮主要有賴親炙身教，但未嘗不會有些文字上的紀錄說明，以備忘參考。等到時變俗易，以往的具體儀式、行爲、姿態不用了，但紀錄說明這些的文字保還留下來，甚至被好古者踵事趨密，後學只憑藉這些線條符號去還原三代君子的動旋周揖、文質彬彬，就難免皓首窮經仍感艱澀有隔，錯誤更是必然的事。禮固然不止於犧牲玉帛，但更是遠在鄭注賈疏以外。史記卷一二一儒林列傳說：

> 魯徐生善爲容，孝文帝時，徐生以容爲禮官大夫，傳子，至孫徐延、徐襄。襄其天姿善爲容，不能通禮經；延頗能，未善也……是後能言禮爲容者，由徐氏焉。

漢書卷八八儒林列傳注引蘇林，提到「徐氏後有張氏」，也是「不知經，但能盤辟爲禮容」；後漢書卷七九上儒林列傳記載劉昆「少習容禮」，但名列「通經名家」却是以施氏易。這種情形與上面所說的剛好倒過來，禮的具象部份還有，但對於具象的抽象說明却不能掌握。

不論是失禮容，還是失歌容，都與易象亡缺的情況相類。就是一體兩面，當其中一面汨沒，而原始的實際情況和認知角度還殘存在某些人的記憶裡，有時在字裡行間透露出，但再往後的人只習於剩下的一面，事實上也只有那一面可資藉，認識解說的偏差、窒礙就在所難免了。

現在我要回頭交代一個問題：我說易卦屬數系，本身無所謂圖象，要有，也是將與它共問神靈時出現在龜甲獸骨上的圖象算作它的圖象，那麼龜系的象究竟是什麼象？首先請看左傳哀公九年：

晉趙鞅卜救鄭，遇水適火。

正義說：

服虔云：「兆南行適火。」卜法：橫者爲土，立者爲木，邪向經者爲金，背經者爲火，因兆而細曲者爲水。

服虔的註解顯然是按五行說（以火配南方）臆推的，至於「卜法：橫者爲土」等等，孔穎達在尚書洪範篇正義裡承認這乃是唐代的龜卜法，不足據。再看國語晉語一的一段記載：

獻公卜伐驪戎，史蘇占之，曰：「勝而不吉。」公曰：「何謂也？」對曰：「遇兆挾以銜骨，齒牙爲猾，戎夏交捽。交捽是交勝也，臣故云。且懼有口，攜民國移心焉。」

韋昭註解道：

齒牙謂兆端左右釁坼，有似齒牙；中有從畫，故曰銜骨。骨在口中，齒牙弄之，以象讒口之爲害也。

韋氏的時代比服氏更晚，乃三國末葉的人，根本沒看到春秋中葉史蘇占的龜，所以他對晉語這段文字中提到的兆象所作的還原式描述，雖然活靈活現，但八成出自臆度，至多不過是漢以來卜術的反映。不過這些材料反映了一點，就是出現在卜甲卜骨上的絕非如實物通過照像或影印後維妙維肖的形狀，也不會是像實物在通過寫意式繪畫後仍保有大略彷彿，實際上出現的不過是三兩道沒意義的裂紋。它們之所以有意義純是卜人賦予的，卜人運用想像力，甚至可說是狡獪，將裂紋與卜問當時的背景事態穿鑿附會起來，認爲某一痕昂首代表什麼，另一痕波折又代表什麼，而這些被代表的東西綜括起來又象徵反映了什麼。難怪觀射父論列作巫覡的資格時，當中一項是「其智能上下比義」。章學誠在文史通義易教篇下論象時曾說有天地自然之象、有人心營構之象，其實龜象全是人心營構之象，營構時又沒什麼普遍性理據，眞是「意之所至、無不可也」，以至今日我們雖有幸看到三千多年前卜甲卜骨上的卜「兆」（？），却無法循邏輯理性探測出它們在指謂什麼。固然有人會說這是因爲卜術「精微深妙，多所遺失」，但只要我們肯面對現實，就得承認：主因在於那些本來就是幾道莫名其妙的痕紋，根本未嘗指謂什麼。

以龜兆和蓍卦相比較，兩者的構成元素本都是無意義的條紋，只是在將這些條紋符號化以展示意義的過程中，龜系循構「圖」這道手續，蓍系則就數字本身來說明，所以自古以來卜筮仍被視作兩個系統。

既然卜筮是兩個系統，上面談到的易象都只能算是龜卜系統的附麗，撇開龜卜，易卦本身是否會導出另一種意義的象呢？會的。這主要是因爲易卦數目有限所逼使。因爲無論數字卦每爻有五種或更多不同數字出現的可能，或符號卦每爻有兩種不同符號出現的可能，如此形成的不同卦的總數縱使是十萬個，依舊是有限有盡，筮人立刻會碰到一項質疑：憑藉這些有限的卦是否能盡到替人決斷在宇宙間所遭逢的各種疑難的功能？如果答案是否定的，人要決疑，勢須藉助其它辦法，好比占星、堪輿、解夢；如果答案是肯定的，那又引發第二步質疑：爲什麼可以？殷周時的筮人或許根本未嘗遇到這類質疑，他們本身恐怕也未嘗進行反省，只將這些視爲不待論證的前提，以進行筮術操作。就算他們曾經作過某種巫術式的解說，這些解說絕大多數也湮沒在古史的洪流中，未流傳到今天㉛。到了東周，古老王官學中的巫術遭逢到新興百家言中的哲學威脅，除非他們任由這套世業勢微見鄙，否則必須面對內部隱伏的課題予以子學式的回應。類化法於是被採納——從表面上看宇宙萬象，父子楚越，今昨雲泥，但從內在本質上着眼，不過是數類基本元素依循數類律則在運作，所以今本睽象傳說：

萬物睽而其事類也。

將其中任何一項運作用符號表示出來，就是某一六爻的卦，所以今本繫辭傳說：

象也者，像此也者……爻也者，效天下之動者也。

總括所有的卦，也就總括了宇宙所有的律則，所以說「易與天地準，故能彌綸天地之道」。從卦這方面說，是將卦的應用範圍腫漲了，今本乾文言不是明說：

六爻發揮，旁通情也。

任一卦絕不只與某一個別具體求問事件一一對應，所以歸妹卦並非只適用於帝乙嫁女那次事，否則易卦作爲決疑工具的有效性將止於第三百六十四次個案，以後易卦卽失去功能。因此卦爻辭也必須活看。章學誠在文史通義易教篇下指出「易象通於詩之比興」，近人李鏡池在周易筮辭考第四節更明白證實：卦爻辭有不少是比體的詩句㉜。從宇宙萬象這方面說，是它們被化約了，它們並不如表面呈現得那般紛紜雜沓、彼此乖異，因此對它們的認識與說明也非一項無窮盡的歷程，雖說「易道深矣！人更三聖，世歷三古」，但自夫子出而贊易，「至矣哉，大矣，如天之無不幬也，如地之無不載也」，「蔑以加於此矣，觀止矣」！掌握了這六十四套律則，而能「觸類而長之，天下之能事畢矣」！

當年顧頡剛在「論易繫辭傳中觀象制器的故事」一文中㉝曾說：

（象傳）所取之象都是自然界中最重大的幾件東西，並沒有像說卦傳那樣的細碎複雜。這可見象傳爲原始的說卦傳，而說卦傳乃是進步的象傳。

這段話很有啓發性，但並不正確，甚至可以說弄倒了。按照我的瞭解：今本說卦傳中的易象不少是源自將龜兆與卦數相參照解析㉞，而今本彖、象、繫辭傳中的易象觀念則是易卦系統爲求本身理據圓足的問題而導致的，雖然後者在構成理論網時採擷了前者部份詞彙，也受了前者在長期解析過程中悟出的易卦公因子觀念的影響。

【附　註】

① 余文原載中央研究院歷史語言研究所集刊（以下簡稱史語所集刊）第一本第一分（一九二八年十月出版，一九七一年一月在臺再版），後轉載於古史辨卷三。

② 「筮法是否簡易」是種相當粗疏的提法，因爲筮法如同任何一種方術有流變，隨著不同時空而歧異，我們只宜問某時某地的某種筮法是否簡易。殷周時華北採用什麼筮法，我們根本不曉得，何從判斷它是簡是繁？春秋以來的筮法大概已與今本繫辭「大衍之數五十」一章所述相去不遠，這套筮法相當繁複，可參閱高亨「周易古經通說」第七篇。

③ 容文出處同余文，見註①。

④殷代有筮，參見一九八一年第二份考古學報張亞初、劉雨所撰「從商周八卦數字符號談筮法的幾個問題」表一。

⑤韓康伯注：「洗濯萬物之心。」按：固然莊子山木篇說：「願君刳形去皮，洒心去欲。」知北遊篇也說：「汝齋戒，疏瀹而心，澡雪而精神。」但是郃陽令曹全碑：「貪暴洗心。」鄭令景君闕銘：「姦邪洗心」漢書卷八一馬宮傳：「幸蒙洗心自新。」韓氏未必不是承漢人舊說。經義述聞據經典釋文「京、荀、虞、董、張、蜀才作先，石經同」以爲：「先猶導也；此謂蓍卦六爻也。聖人以此先心者，心所欲至而卜筮先知，若爲之前導然。」但仍嫌牽強，所以錢鍾書管錐篇第一冊周易正義第二十條「洗心」仍從韓讀，但說是「洗濯己之心」，這倒眞有點以玄解易了。各家說恐均未得。考穆天子傳：「河宗之子孫鄘柏綮且逆天子於智之□，先豹皮十、良馬二六，天子使井利受之。」又說：「河宗伯夭逆天子於燕然之山，勞用束帛，加璧，先白□，天子使鄒父受之。」左傳襄公十九年：「賄荀偃束錦，加璧、乘馬，先吳壽夢之鼎。」二十六年：「賜子產次路再命之服，先六邑。子產辭邑。」胡澱咸「甲骨文字考釋二則」據此以爲先卽說文訓「致言也」的詵，義實爲致，所以莊子讓王篇前面說「使人以幣先焉」，後說「使者致幣」。「又有賓敬之意，其義當爲敬獻、敬奉。」那麼「洗心」確當讀爲「先心」，意爲呈現心意，所以求神靈裁斷指示。于豪亮遺著「帛書周易」第三節報導馬王堆本繫辭作「佚心」，「卽佚樂

其心」，以爲今本先或洗均爲佚的形誤。按：于氏恐以訛爲正。退藏於密的密當是閟宮之屬，左傳莊公三十二年：「（公）見孟任，從之閟。」這句是說得指示後，將卦畫、命辭及占辭藏於聖所。胡文見於一九八一年十一月出版的古文字研究第六輯。于文見於一九八四年三月份出版的文物。

⑥ 屈文原載於史語所集刊第二七章（一九五六年四月出版），後收於氏著書傭論學集。

⑦ 余永梁在「易卦爻辭的時代及其作者」第二節說：「商族還是初進農業社會，遊獵牧畜還佔重要地位。甲骨卜辭所記田獵漁撈之多不下二三百見，可以推證。刻辭是需要大宗的獸骨，也須牧畜社會才能供給，而殷虛出土的甲骨正是獸骨佔十之七八，龜甲才十之一二而已。筮法是社會進到農業社會，脫離了牧畜時代，大家沒有許多獸骨來刻辭，才有它來適應救濟這種缺之而產生。」這是試圖用物質經濟基礎論來支持周人用筮不用卜的假說。按：殷代的生活基礎乃是農業，佃獵非主要生產手段，此爲近代學者所共識。殷末嗜酒，史有明證，若非農作發達，料無餘力發展釀造業。誠然小戴記王制篇說過：「天子諸侯無事則歲三田：一爲乾豆；二爲賓客；三爲充君之庖。」但事件不能孤立處理，須考慮到殷人已進入城邦社會，城邦社會固然仍可以或須要佃獵，但與游牧社會的佃獵活動有本質上的差異，比照後世遼、金自可明。倒是周人農業是否發達，近年頗爲學者懷疑。好比近年陝西齊家村稍北雲塘西周骨器作坊遺址出土數以萬斤的牛馬家畜骨料，大陸學者就不認爲這是燎祭殘骸，而以爲這表示周人在消費經濟上相

當仰賴畜牧。

⑧ 見一九七九年第十期文物陝西周原考古隊撰「陝西岐山鳳雛村發現周初甲骨文」及一九八二年第三期考古與文物岐山文管所所撰「岐山鳳雛村兩次發現周初甲骨文」。

⑨ 王觀堂先生全集冊七史籀篇疏證指出封、邦本一字；郭沫若甲骨文字研究上冊「釋封」指出：封本義為植林木以為疆界。李孝定甲骨文集釋卷三疑對，封「其異祇在丵，丰之別，其意當同標識之物，旨在明顯示人，故金文對字皆有明顯之義，觀金文皆對揚連文可證也。」按：李疑蓋近是，看皇矣篇上文可知。

又大盂鼎：「不顯玟王受天有大令，在珷王嗣文乍邦。」語義與皇矣篇這兩句正相類，可見太伯實纘太王之緒。

⑩ 徐文載於史語所集刊第七本第二份（一九三六年出版，一九七一年一月在臺再版）。

⑪ 看春秋，似乎凡小國，或文化落後，或國土在邊裔的，都稱他們的君主為子。所以小戴記曲禮篇下說：「其在東夷、北狄、西戎、南蠻，雖大曰子。於內自稱曰不穀；於外自稱曰王老。庶方小侯入天子之國，曰某人；於外自稱曰子；（於內）自稱曰孤。」

⑫ 見二氏合著「試論湖熟文化」，載於一九五九年第四期考古學報。該區內江蘇丹徒縣曾出土宜侯矢毀，

唐蘭「宜侯夨毁考釋」以此乃康王時器，宜侯本爲虞侯，也就是吳侯，可見華北政權勢力早及長江下游。唐文載於一九五六年第二期考古學報。劉啓益於「西周夨國銅器的新發現與有關的歷史地理問題」一文中以爲：一九七三年八月在陝西隴縣曹家灣南坡第六墓所出銅戈上「夨中」二字卽吳仲、虞仲，而這個夨國墓葬當在西周初或稍早。接著發揮張筱衡「散盤考釋」的說法，認爲太伯奔荊蠻，荊指的是鳳翔府附近的楚山，在隴縣與寶雞間，所建的吳國在綿亙隴縣南的吳山一帶。銅戈器主虞仲非太伯弟仲雍，乃仲雍曾孫。武王克殷後，改封到晉南。到康王時，封仲雍後裔的一支，或說晉南虞的同宗於江東，這也就是宜侯夨。按：劉說有問題。第一，他既同意散氏盤年代當周厲王時，並以爲散、夨爭地在隴縣、寶雞一帶，那麼西周末豈非有三個虞：一在隴、一在晉南、一在江東？第二，吳乃疑母魚部，夨乃莊母之部，很難解釋爲同出一語源。事實這也是唐蘭釋文的問題，只是他在宜侯夨毁釋爲虞的那個字中有殘損，尚有轉圜餘地。第三，從毁文語氣知道周王「省東國圖」前江東已有了虞，這次錫命是改封，非初封。第四，改封爲宜侯前，周王稱他爲虞（？）侯夨，依劉氏夨卽虞的說法，改封前他豈不成了「虞侯虞」？「虞」既是國名，氏名，今又成人名，古今似未見此例。故本文不從。張文載於一九五八年第二到第四期人文雜誌；劉文載於一九八二年第二期考古與文物。

⑬ 鳳雛H一一六八片甲上有「征蜀」字樣。鳳雛甲骨的時代上自先周（殷末），下不晚於康王，目前各片

甲骨的絕對年代還不詳，不知這次伐蜀究竟在克殷前，還是克殷後，如屬前者，而這個蜀又非牧誓所提的那個姬周西土友邦，那就有意思了。從庫方二氏所藏甲骨卜辭九八一，知殷王曾在蜀卜旬，從殷虛文字乙編六四二二，知殷王曾卜蜀是否受年，可見似有一別屬殷盟的蜀，因此周書世俘篇才會有姬發克殷後「新荒命伐蜀」的傳說。由班毀：「王令毛白更虢𩙿公服，甹王立，乍四方望，秉緐蜀巢。」及曾伯霥簠：「克狄淮夷，印燮繁湯。」知蜀當在東。至於殷末東蜀確實地望，則難斷定。成公二年春秋經：「丙申，公及楚人、秦人、宋人、陳人、衛人、鄭人、齊人、曹人、邾人、薛人、鄫人盟於蜀。」杜注：「蜀、魯地，泰山博縣西北有蜀亭。」國語楚語上：「而後使太宰啓疆請於魯侯，懼之以蜀之役。」對照昭公七年的左傳，知道韋注說蜀在魯境是。未悉左、國中的蜀地與甲、金文中的蜀可有關係，近人顧頡剛就據世俘篇所載伐蜀往返時日而置疑。無論如何，如果鳳雛甲骨「征蜀」是先周時周人事，發動攻勢者恐非處於陝西的季歷、姬昌，或當屬諸周人東方部隊吳伯之流。今先附記於此，以待後裁。

⑭董作賓殷曆譜下篇卷八旬譜七、八認爲歙美就是鬻熊。這個說法是否正確，姑置不論，但爲楚君殆無疑，對照傳世楚器，楚君名作酓章、酓忎、酓肯可知。𦎫字據王觀堂先生全集冊六「不嬰敦蓋銘考釋」，即後世的敦，訓「迫也、伐也」。而陳夢家在殷虛卜辭綜述第十八章第一節指出「不𨾴衆」就是「不雉衆」，乃軍事術語，意謂不陳列軍旅。

⑮楚君頗欲憲章文、武，見蕭璠、春秋至兩漢時期中國向南方的發展第三章第二節，收於國立臺灣大學文學院文史叢刊，爲第四一份。

⑯歷來討論重卦作者時，最忽視周易正義所引孫盛的夏禹說，其實這個說法在某種意義下相當合理。據周禮春秋官太卜正義引鄭志：「近師皆以（連山、歸藏）爲夏、殷也。」可見「三易」乃「三代易」爲漢魏學者間的通論。而三易又只是名、占不同，都是以八卦爲經，別爲六十四，那麼夏易應該已重，不待周時，既然如此，依古人聖王制作的觀點，重者非夏禹莫屬了。

⑰胡渭易圖明辨卷六「先天古易上」：「卦，象也；蓍，數也。左傳韓簡曰：『物生而後有象，象而後有滋，滋而後有數。』蓋數……生於象，而不可以生象。康節加一倍法，欲以數生卦，非也。」又引朱子說「兩儀者，始爲一畫，以分陰陽。四象者，次爲二畫，以分太少。八卦者，次爲三畫，而三才之象始備……畫卦，揲蓍其序皆然」加按語：「此節夫子本然揲蓍之序，與畫卦無涉。」卷七「先天古易下」：「夫子曰重曰兼，明是倍三爲六，非逐爻漸生之謂。」又引毛錫齡仲氏易以爲助：「因而重之者，以三重三，非謂二可重一，四可重二，八可重四。」卷八「後天之學」：「知彼逐爻生出之爲謬，則知一連掃出三畫而交易以成六子者，眞伏羲之易。」按：胡氏大弊在於腦中梗著伏羲畫卦的傳說，而不思這位聖人一次掃出卦畫時，是掃完才想到設計一套揲蓍法去兜合？還是掃前已架構好一套法子，只因天縱

多才多藝，會心算，直接畫出答案？如屬前者，眞不得辭朱熹「私意杜撰補接」之責；如屬後者，則實與邵、朱所持冥合，不知曉曉何所謂。

⑱ 見張政烺「試釋周初青銅器銘文中的易卦」，載於一九八〇年第四期考古學報。汪寧生「從原始記事到文字發明」第二章第二節仍以這些至多是符號組成的族徽，並非文字。認爲這些符號如同新石器時代陶器上的幾何線條般，早先純爲標明個人所有權，或制作時的某些需要（好比製器時暫離，划上一道表示工作進展所至）而隨意刻劃。這種標記若一再使用，即成個人標誌；若爲子孫沿用，即成族徽。汪文載於一九八一年第一期考古學報。有關近年發掘陶器上的幾何線條究竟是符號或文字的爭論，請參閱李孝定「再論史前陶文和漢文字起源問題」，載於一九七九年九月出版的史語所集刊第五十本第三份。至於銅器方面落款爲族徽說的粗疏，可參閱林澐「對早期銅器銘文的幾點看法」，載於一九八一年一月出版的古文字研究第五期。

⑲ 在繼續討論前，我們似乎須要對項可疑的現象作解釋：爲什麼易卦改造成符號卦後，仍有數字卦出現？史闕難詳，我只能提出一項說：新舊派的差異。這是受了董作賓論殷祀有新舊派的啓示。看上古文化不宜存有秦漢以降車書混一的想法。春秋「王正月」，前人用大一統來詮説，殊失實，從傳世銅器知道當時很多國家各有曆朔，所以才有「隹鄀正二月」、「隹鄀八月初吉」、「隹最八月初吉」、「隹最九月

初吉」等辭語出現。就算到了秦併六國，仍保留地方曆法，這可從一九七五年湖北雲夢睡虎地出土秦簡「日書」甲種「歲」篇秦楚月名對照表看出。同理我們不宜認爲三代時中國境內就只有一種筮術，一種筮儀，一種筮書，反倒該認爲當時任何一種方術內部都分流並峙，隨著不同的地域、取材、人事呈現多樣性的發展與面貌。今本周易可能只是當時筮卦術中經過改造的一種，而當時係城邦社會，也不可能必用王權強制推行到每一階層，每一地域，所以有趨時用符號的，有因襲故步用數字的；用數字時，有布六爻的、有始終停滯在布三爻階段的。那麼周禮所提的「三易」似應活看，本指多種筮卦術，將三易限於連山等三種，或許出於喜歡整齊的周官作者的別裁。前引金文見郭沫若兩周金文辭大系圖錄所登邵公敄人毀，邵公平侯鈺、鄧伯氏鼎、鄧公毀。至於秦存楚曆，見曾憲通「楚月名初探」，載於一九八一年一月出版的古文字研究第五輯。

⑳ 汪文載於一九七六年第四期考古。

㉑ 參見高亨周易古經通說第七篇第二節。

㉒ 戰國策秦策說：「天下陰燕、陽魏、連荆、固齊、收韓而成從。」高誘注：「陰、小；陽、大。」李漢三周易卦爻辭釋義於泰卦下引此爲證。郭沫若於「韓非子『初見秦』發微」第二節中指出：論及關東六國，獨隱去趙，實際趙卽是「連荆」從約的主謀，否則這次策略將成無頭公案，而趙的地理位置正好是

「陰燕、陽魏」。高注及韓非子舊注（「燕北故曰陰；魏南故曰陽」）均不愜，誠如注，當時楚最大最南，宜說「陽楚」。按：郭說甚是。陰陽本義就地形向日背日言，後來引申乃有南北一義，韓非子舊注嫌過泛，此處當就普遍化後的向背解。郭文收於氏著青銅時代。

㉓ 張政烺於「座談長沙馬王堆漢墓帛書」中報告：「帛書本六十四卦順序和今本大不一樣。它把八卦按照陰陽，排成乾坤、艮兌、坎離、震巽，機械地再分開則成乾、艮、坎、震、坤、兌、離、巽，以次把它們作爲上卦，每個卦下再接乾、坤、艮、兌、坎、離、震、巽的次序輪流配合，湊成下卦，便出現了八八六十四卦。」因此帛書周易卦序爲：乾、否、遯、履、訟、同人、无妄、姤；艮、大畜、剝、損、蒙、賁、頤、蠱；坎、需、比、蹇、節、既濟、屯、井；震、大壯、豫、小過、歸妹、解、豐、恒；坤、泰、謙、臨、師、明夷、復、升；兌、夬、萃、咸、困、革、隨、大過；離、大有、晉、旅、睽、未濟、噬嗑、鼎；巽、小畜、觀、漸、中孚、渙、家人、益，請參看一九八四年三月份文物馬王堆漢墓帛書整理小組所撰「馬王堆帛書『六十四卦』釋文」。張氏言載於一九七四年第九期文物。

㉔ 龜卜的結果是否也會寫於整理過的爻辭後，尚難論定，但有件事頗值得注意：一九七七年安徽阜陽縣雙古堆一號漢墓出土周易殘簡三百多片，包括今本周易四十多卦，有卦畫、卦辭的九片；有爻辭的六十多片，而爻辭後又附有卜事之辭，如同人九三爻辭後有「卜有罪者凶；戰鬭敵強不得志；卜病者不死乃疾

」語。古人對卜、筮二字用語嚴明，看左傳可知；所以阜陽周易的「卜」恐不能以占問的泛稱爲訓。漢書藝文志「數術略」在龜蓍類中收有周易三十八卷，歷來不解，現在看起來，恐是阜陽周易一類作品。請參閱一九八三年第二期文物阜陽漢簡整理組所撰「阜陽漢簡簡介」。

㉕ 見李學勤「西周甲骨的幾點研究」，載於一九八一年第九期文物。

㉖ 一個觀念形成的時代，與用文字記錄下這項觀念的時代，以至於記錄編纂成某種固定形式的時代乃是有相當距離的。用文字記錄的時代可能很晚，因此不免用些記錄者當時習用的語彙，但被記錄的觀念却可能出現得相當早，因此我們不能但憑表達思想的工具限定被表達者的形成時期，雙方沒有必然聯帶關係。徐彥春秋公羊傳注疏引戴宏的話敍述今本公羊傳的寫定過程：「子夏傳與公羊高，高傳與其子平，平傳與其子地，地傳與其子敢，敢傳與其子壽，至漢景帝時，壽乃共弟子齊人胡母子都著於竹帛。」這個師承譜未必盡符歷史事實，但今本公羊傳的基本觀念以至大部份內容遠在西漢以前即出現這一點，當可斷言。又，今傳古籍篇章多係一家一派學說的彙錄，前修未密，後出補衍，徒據一段有後出嫌疑而概括全篇，殊失平允。以今本說卦爲例，「昔者聖人之作易也」到「是故易逆數也」，今知秦漢際曾見輯於繫辭中，我們固不能因此說今本說卦其餘部份都是漢惠以前作品，也不能因此說都不早於漢初。其次，不論唐石經本或今本說卦從「震爲雷、爲虎……」以下按震、巽、坎、離、艮、兌爲序，但熹平石經本

則是以震、坎、艮、巽、離、兌爲序，難怪經典釋文說：「此六子依求索而爲次第，本亦有三男居前、三女後從。」對照馬王堆周易，六十四卦分爲八組，乾以父領三男，而後坤以母領三女，雙方所差唯坤躍居前。據屈萬里先生考，石經周易用的是梁丘本，而梁丘易本自田何，很可能石經說卦這部份顯示的八卦次第觀念與馬王堆周易同源自先秦而異脈。又如「萬物出乎震」一段，確實略涵五行家小終始的意味，但如是排列原型，使同側積數皆九十，使對立象限積數都相等，據岑仲勉「周易卦爻表現著上古的數學知識」指出，原係筮家一種「數」術。絕不如康有爲等所說出自武宣以後焦、京學派的僞造。馬王堆諸書抄寫年代見李裕民「馬王堆漢墓帛書抄寫年代考」，載於一九八一年第四期考古與文物。屈考見氏著「漢石經周易爲梁丘本考」，載於一九四七年四月出版的國立中央圖書館館刊復刊第一號，後收於氏著書傭論學集。岑文原載於一九五六年第一期中山大學學報社會科學版，後收於氏著兩周文史論叢。

㉗ 王弼周易略例明象章說：「案文責卦，有馬无乾，則爲說滋漫，難可紀矣。互體不足，遂及卦變，變又不足，推致五行，一失其原，巧愈彌甚。」朱文公文集卷六七雜著類「易象說」：「說若屯之有馬而無乾；離之有牛而無坤，乾之六龍則或疑於震；坤之牝馬則當反爲乾，是皆有不可曉者。是以漢儒求之說卦而不得，則遂相與𢱧爲互體、變卦、五行、納甲、飛伏之法，參互以求，而幸其偶合，其說雖詳，然其不可通者終不可通。」按：漢人論象確多附會，故招痛詆，但王、朱二大家並未能對何以「求之說卦

而不得」這關鍵點提出解釋，終不免攻標未治本。今人高亨於周易大傳今注卷六前言與附考(1)中指出當中一項原因：筮人論八卦卦象有基本共通的說法，有觸類旁通，甚至信口雌黃，純爲個人的說法。先秦當有多樣卦象說撰本，今本說卦不過居其一，內中不乏一家之言，故所載與汲冢所出似而又有異，與左傳、國語所錄不盡一，與今本彖、象所講也有出入。漢人執一御萬，自然難通。

㉘ 如張立文周易思想研究下篇第八章。高亨早期於「試談周易大傳的哲學思想」一文中說：「管見以爲十翼都寫於戰國時代……彖、象比較早些；可能在春秋末葉。」但未明示論斷所據。後來於周易大傳今注卷首「周易大傳通說」第一篇第三節中認爲「象傳作於戰國時代」，「晉韓宣子見易象一書決非（今本）象傳」。高文原載於一九六一年第十一期學術月刊，後收於氏著周易雜論中。

㉙ 周禮春官占人：「凡卜簭，既事，則繫幣以比其命，歲終則計其占之中否。」說文：「幣，帛也。」所謂「比其命」與「計其占」互文見義，指巫史將對龜蓍的命辭與得兆數後的占斷辭依類排比，歲終整理，去譌存「眞」。左傳襄公四年：「初晉獻公欲以驪姬爲夫人，卜之不吉，筮之吉。公曰：『從筮。』卜人曰：『筮短龜長，不如從長，且其繇曰：「專之渝，攘公之羭，十年尚猶有臭。」必不可。』」襄公十年：「孫文子卜追之，獻兆於定姜，姜氏問繇，曰：『兆如山陵。有夫出征，而喪其雄。』」足見不但兆象，連占辭也經過整理，以致脫離口語成韻文。可參閱高亨周易古經通說第一篇第四節。

㉚左傳正義說：「先儒以爲季札所言，觀其詩辭而知，故杜（注）顯而異之：季札所云美哉者，皆美其聲也。」又說：「先儒以爲季札在吳，未嘗經見此樂，爲歌諸詩其所歎美皆以詩辭之內求所歎之意，故杜（注）辨之：在吳雖已見此樂歌之文，但未聞中國雅聲，其所言者皆聽聲而知，非察其文辭。」按：雙方所爭貌似在歎美對象，癥結恐仍出在不明詩（歌辭）、樂（歌曲）一體——「先儒」執著「觀」字而說季札歎美由於詩辭；杜預苦持「樂」字而以延陵子欣賞在雅聲。

㉛今本繫辭「大衍之數五十」一章從筮法上對何以用蓍卦能達到「天下之能事畢矣」有所解釋，但這段文字的時代難定，故不便爲據。

㉜易象與詩的比喩還是有差別，詳參錢鍾書管錐篇第一册周易正義第二則「乾」。又，李文原載於古史辨卷三，後收於氏著周易探源。

㉝顧文原載於一九三〇年十月出版的燕大月刊六卷三期，後轉載於古史辨卷三。

㉞李鏡池於「古代的物占」及「周易筮辭續考」中指出：初民對異常事物多感惶恐，以爲個中含有天啓意義，與自身有密切關係，因而通由靈媒、巫術以求解明，可名爲象占。象占非一，夢占爲大，因夢占也是根據夢裏的物象來占候的，而古人對夢境與現實的界限不大分得淸。他認爲今本周易就含有不少象占，如豐九三：「豐其沛，日中見沬。」九四：「豐其蔀，日中見斗。」不正是今本繫辭「天垂象，見

吉凶」的例示？按：如此所得的卦等於是天啓異態的符號表示，卦爻辭乃是天啓異態的文字表示，卦畫與卦爻並未於異態外別添加什麽，不過是或隱喻或直陳，三者本質相通。在這種情況下所說易象的象不止是「圖」，乃眞屬章學誠所言「天地自然之象」——現象。李氏對易象此詁甚是正大。李文原分列載於一九三二年嶺南學報二卷四期及一九四七年嶺南學報八卷一期，後均收於氏著周易探源。

貳　雜卦辨

一、雜卦不雜說

當遠古筮人面對歷代歷次筮問的結果，很自然產生整理的要求①。一著手整理，立刻會觸及到一項關鍵問題：卦與卦之間有好多種串聯的方式，採取那一種呢？採取一種而予以文字或口頭上的理由說明——何以先此不先彼，或彼先於此代表什麼意義，原始的序卦傳就成立了。

今本序卦傳恐怕不過是諸樣卦序理論中的一種。馬王堆出土的周易卦序就與今本周易卦序大相逕庭。那麼是否可能別有一篇與馬王堆周易相應的序卦傳呢？雖然我們無法斷言，但有兩點值得注意：首先，據晉書卷五一束晳傳所登錄的汲冢書目，知道出土古籍中，除了有本「與周易上下經同」的易經二篇，尚有本「與周易略同，繇辭則異」的筮書。藝文類聚卷四十冢墓類引王隱晉書說：

得竹書，涤字。古書有易卦，似連山、歸藏文。

指的當就是束皙目驗的那本書。同時束皙報導另有一篇易傳式的逸書，「似說卦而異」。這兩篇東西恐怕是相關的。既然不同的「易」可有不同的說卦傳，同一種易有不同的序卦傳並非全無可能。其次，傳世有所謂三國吳陸續注的京氏易傳，將六十四卦分八宮，每一宮由一純卦統領七變卦，七變卦分屬某宮一世、二世、三世、四世、五世、遊魂、歸魂。京氏易傳是否眞是西漢宣元時的京房所著，尚可斟酌②，但周易集解於蒙卦卦辭下引干寶說：

蒙者，離宮陰也。

於需卦序卦下引干寶說：

需，坤之遊魂也。

於訟卦卦辭下引干寶說：

訟，離之遊魂也。

於比卦卦辭下引干寶說：

比者，坤之歸魂也。

於隨卦象傳下引荀爽說：

隨者，震之歸魂。

於恆卦象傳下引荀爽說：

恆，震世也。

於解卦象傳下引荀爽說：

解者，震世也。

於井卦卦辭下引干寶說：

自震化行，至於五世。

荀爽乃東漢末葉人；干寶乃東晉初年人，已用到八宮世應說，可見這種分宮卦次的產生必不晚於東漢中期。而且從今日看來，這種卦序若非上承馬王堆周易衍化來，就是兩者同源異派，因爲馬王堆周易走的隱然是八宮路綫，以一純卦領七變卦，所以每一宮中有三個變卦與京氏易傳相同（這是因爲「京氏」變卦在初爻到五爻中進行，而馬王堆周易變卦止於下三爻）。那麼，「京氏」易的八宮說不啻是一種膗脹後的序卦傳。

從今本序卦的角度來看雜卦，它論卦義時的卦序顯然雜亂③，但我們若不執定今本卦序爲唯一的卦序，雜卦眞可說是「雜於人而不雜於己」，它所根據的周易顯然是採取另一種卦序④。這點孔穎達似乎已經看出，雜卦正義說：

昔者聖人之興，因時而作，隨其時宜，不必皆相因襲，當有損益之意也，故歸藏名卦之次亦多異。於時王道踳駁，聖人之意或欲錯綜以濟之。

但孔氏的說法恐怕猶有所本，周易集解於雜卦末引干寶說：

而夫子又重爲雜卦，以易其次第……以示來聖後王，明道非常道、事非常事也，化而裁之存乎變……夏政尚忠，忠之弊野；故殷自野以敎敬，敬之弊鬼；故周自鬼以敎文，文之弊薄；故春秋閱諸三代而損益之……是以聖人之於天下也，同不是，異不非，百世以俟聖人而不惑，一以貫之矣。

可惜干、孔都未能擺脫王者政敎道壹風同觀念的限制，只好借用三統改制的論式去化解他們所察覺出的不協——每一個太平盛世對眞理的表達體現只有一種，歸藏卦序不同於周易卦序那是因爲歸藏是殷的聖經，雜卦卦序不同於周易序卦傳的卦序乃是素王爲來世立法，周易既是周代聖王爲本朝訂的聖經，卦序只能有一種——落入郝敬在禮記通解中對小戴記鄭注的指責：

根據無實，則推夏、殷異世而遁逃其說。

二、雜卦乃漢人僞作說質疑

長久以來，人們都認爲今本雜卦傳晚出，近人屈萬里先生在「易損其一考」⑮中更以爲今本雜卦傳就是論衡正說篇所提到新增的那篇逸易，這種說法實在有待商榷。

史記卷四七孔子世家：

> 孔子晚而喜易，序彖、繫、象、說卦、文言。讀易，韋編三絕。

張守節正義說序是序卦，應序字絕句，近人也就據此發揮，認爲司馬遷當時徧數易傳，不及雜卦，可見雜卦著成時代在漢武以後⑯。按：禹貢說「西戎即敍」，史記卷二夏本紀作序；洪範說「彝倫攸敍」，史記卷三八宋微子世家作序；皐陶謨說「惇敍九族」，漢書卷九九王莽傳中作序，所以史記這段文字中的序應讀作敍，當動詞用，與上文「序書傳」、卷七四孟荀列傳「先序今以上至黃帝、學者所共術」、漢書卷四五蒯通傳「論戰國說士權變，亦自序其說，凡八十一篇，號曰雋永」諸序字用法語義相同。否則，史記這段話不成文句。除非將這句讀成「孔子晚而喜易、序、彖……」，將序、彖等易傳與周易並列作喜的受詞，但這將表示今本易傳是孔子前的作品，而這將不但與古人，也將與近人的看法背馳。至於以司馬遷不提作爲漢武以前沒有雜卦的證據更是薄弱；且不說將序讀作敍後，序卦傳也沒被提及，也當是漢武以後出的？而這又與他們序卦傳成於漢武前的說法相抵牾。司馬遷常說讀某人書，多的是只列舉部份篇章的例子，難道那些沒提的篇章都是漢武以後的托古僞作？班固撰漢書藝文志，在說到六藝略易類的時候，仍然沒提雜卦，難道到了東漢雜卦還沒見世？寫儒林列傳，講到費直「亡章句，徒以彖、象、系辭十篇文言解說上下經」⑦，連說卦傳都沒提，難道眞如隋書經籍志的濫言，說卦也晚出？

時代晚於司馬遷的揚雄在法言問神篇有段話也被用作雜卦晚出的證據：

或曰：「易損其一也，雖惷知闕焉，至書之不備過半矣，而習者不知，惜書序之不如易也。」曰：「彼數也，可數焉故也。如書序，雖孔子亦未如之何矣。昔之說書者序以百，而酒誥之篇俄空，焉今亡夫。」

汪榮寶法言義疏七說：

也讀爲邪，世德堂本無此字，蓋以不得其義而妄去之……吳（秘）云：「言易之六十四若損其一，雖愚人可以知其闕者。」……此文易損其一邪乃是設辭，吳解得之。

俞樾諸子平議卷三四法言一對這段話的疏釋也說「其或缺失」。其次，縱使「易損其一」是在報導事實，缺的也應是易卦本身，而非易傳，這才能與尚書百篇過半不存作同質比較，下文也才會舉「酒誥俄空」爲喻⑧。而且只有周易由於它的結構，本質才能說「數也」。今天把「易損其一」說成易傳十篇缺一，純屬附會。

再晚的王充有兩段報導更是被視爲雜卦晚出的有力佐證。論衡謝短篇說：

先問易家：……宣帝之時河內女子壞老屋，得易一篇，名爲何易？此時易具足未？

正說篇說：

至孝宣皇帝之時，河內女子發老屋，得逸易、禮、尚書各一篇，奏之，宣帝下示博士，然後易、禮、尚書二十九篇始定矣。

那篇逸易是否就是今本雜卦傳先置不論，那篇逸書向來被認爲是泰誓，而且認爲係西漢人的僞作⑨。如果這是屬實的話，在論證今本雜卦傳晚出時引用論衡這兩段材料，究竟還有某種程度的可接受性（雖然泰誓縱僞，不代表逸易必僞，至多暗示逸易可能僞），可惜這前提未必堅實。

漢書卷三十藝文志六藝略書類登錄「尙書古文經四十六卷」，班固自注「爲五十七篇」。關於卷篇數字的差異，衆說紛紜，但有一點是公認的，就是：漢志登錄的古文尙書裏有一卷泰誓，數篇時將泰誓分爲三篇⑩。根據尙書堯典篇正義所引的鄭玄註書序，知道古文本多出，爲今文本所無的十六卷當中，不包括泰誓，可見今文尙書二十九卷中也必有泰誓。歐陽、大小夏侯本中有泰誓，乃是沒有問題的，熹平石經殘字能證明——殘石中有「酒誥第十六」五字，如無泰誓，酒誥次第當爲十五；如無泰誓，但盤庚分爲三，酒誥次第當爲十七⑪。問題在於伏生本裏是否也有。從藝文志的上下文得知：多出的十六卷是用「敎於齊魯之間」、「見行世」的伏生本尙書與孔氏尙書比對得出的。孔安國任秩比二千石的臨淮太守後不久過世，臨淮郡的設立據漢書卷二八上地理志是在漢武元狩六年（西元前一一七年），在這之前、元朔五年（西元前一二四年）他已以秩比六百石的博士身份授兒寬尙書，那麼以今文讀古文尙書當更在先。以四十歲左右爲「蚤卒」，孔安國生年當在孝景前三年（西元前一五四）劉餘徙王魯前後，此後十來年中孔壁出書，是孔氏能董理「家業」、「綱紀古訓」至早不過漢武建元元年（西元前一四

○）。從建元元年到元朔五年這十來年間根本還沒有三家本尙書，孔氏能持以比對的官學博士尙書本惟有伏生傳下的，所以伏生本應該原就有泰誓，不待後得補入。伏生本的二十九卷恐非如皮錫瑞「今文尙書考證」卷二五康王之誥、卷三十書序部份及王先謙「尙書孔傳參正」序例等所說：伏生本顧命與康王之誥原是分開的，沒有泰誓；歐陽等加入新得泰誓，乃將兩篇合一，故仍是二十九卷。

那麼如何解釋王充論衡正說篇裏那段記載呢？我看他是受了訛傳之累。尙書僞孔序正義引劉向別錄：

武帝末，民有得泰誓書於壁內者，獻之，與博士，使讀說之，數月皆起，傳以敎人。

但劉向實在並未明言官本尙書沒有泰誓，泰誓至此才現世，眞正提到泰誓晚出的是劉歆。漢書卷三六楚元王傳載劉歆移太常博士書：

泰誓後得，博士集而讀之。

「後」恐怕是「復」字的形譌，不論金文或小篆，兩字都極似。王念孫讀書雜志三、史記第五「後復破之」條指出漢世常有「復」誤爲「後」的現象：

史記齊悼惠王世家「已而復聞齊初與三國有謀」、絳侯世家「復擊破綰軍沮陽」，漢書復字竝誤作後。今（韓王信盧綰傳）作「後復破之者」，一本作復，一本（誤）作後，而後人誤合之耳，漢書韓王信傳無後字。

從段玉裁古文尚書撰異書序第三二有關泰誓部份，知泰誓實有今古文本的差異，故今文泰誓「流爲烏」的烏、「孳孳無怠」的孳、「師乃慆」的慆，在古文本分別作鵰、孜、招。若說今文本的泰誓是河內新出，而它又屬漢人僞作，定非用古文書體，絕不會導致博士集讀的情形發生。就今日所見泰誓佚文，誠如馬融所說，甚「淺露」，可見當日集讀涉及的主要不是內容問題，而是語言問題。若說今文官本原無泰誓，而河內泰誓是用古文書寫的，那博士將無法通讀。因爲我們知道：漢時小篆、隸書都是通行文字，只有戰國時期東方六國文字對漢人而言才是所謂的古文。孔安國董理孔壁尚書，乃是以伏生本與之校讀，由此認識共有的二十九篇，再依這二十九篇去認餘篇文字，如孔叢子卷七與從弟安國書中所說：

以今讎古，以隸篆推科斗。

河內泰誓在來源性質上與孔壁尚書是同類的。武宣以降，不論是治今學的或治古學的，都不替多出的十六卷古文作傳注，若博士官本原沒有泰誓，河內泰誓豈能獨見幸於人？尤其如果照陳夢家所說：河內女子得泰誓在太始時（西元前九六—九三）⑫，當時正是孔家獻孔壁尙書的時候，而孔壁尙書因「遭巫蠱事，未列於學官」，河內泰誓有什麼地方能使它出類拔萃、獨躍龍門？劉歆移書太常博士爲官本外的各逸書爭立，只學宣帝年間石渠議後增立梁丘易、大小夏侯書、穀梁春秋爲辭，若這篇出自屋壁、用古文書寫的泰誓眞是官本尙書原無後增的，豈有不爲劉歆援引、大張旗幟的道理？反過來說，官學書家就算「貪其說」，要合也只會合在尙書大傳這類傳記中⑭，不會合在本經裏。當時博士所以肯讀說傳教這篇壁中書，乃因官本已有，出土物不但無礙旣有系統和它的權威，反而能加强它。孔穎達似乎早已察覺到了，所以在僞孔序正義中說：

或者爾時重得之，故於後亦據而言之。

同一書的部份或全體復出，並非罕聞。據後漢書卷二七杜林傳，卷七九下儒林列傳，杜林曾在西州得漆書古文尙書一卷，這卷尙書內容究竟如何，不得而詳，但從衞宏爲作訓旨、徐巡能傳行，及後漢書卷五七劉陶傳、張懷瓘書斷卷中妙品類所說：劉陶曾持以是正三家尙書文字，可斷言這卷尙書必是博士官本已有的。而本不逸的書被後人誤認爲逸書，也非獨泰誓。如傳世周書、隋、唐以來總被題爲逸周書或汲冢周書，這都是因爲誤讀漢志六藝略書類「周書七十一篇」下顏注及晉書卷五一束晳傳的報導，竟將早已見於西漢，爲漢魏人著述引用的周書當成西晉新獲⑮。

或許有人會指出尚書僞泰誓正義所引馬融書序曾說：

吾見書傳多矣，所引泰誓而不在（今文）泰誓者甚多，弗復悉記，略舉五事以明之，亦可知矣！

認爲這足以證明河內泰誓是漢人的僞作。今人黃彰健在「論『後得泰誓』與史記周本紀的關係，並論漢書律歷志所引古文尚書武成篇及逸周書世俘解所記武王伐紂月日」一文⑯中也持這種一元論式，指河內泰誓所載與某些先秦舊說不合，因而斷言它是贋鼎。其實如果瞭解戰國中葉以來述古、托古的風氣很普遍，同題家各異辭是不足怪的。周語上、墨子尚賢篇中所引的湯誓就不見於今本湯誓中。另外，據近人研究，已知周書世俘篇實際是與孔壁武成同源對「武王伐殷，往伐，歸獸，識其政事」這一古史傳說的另一記載⑰。且不說漢武時人無能力用古文造僞書，就算能，據後漢書卷五安帝紀永初四年紀、卷十上和熹鄧皇后紀、卷六十上馬融傳，馬融曾校書東觀，事畢因奏廣成頌「忤鄧氏，滯於東觀十年不得調」，後因忤梁冀，「徙朔方」，「得赦還」，「重在東觀」，當見過孔壁尚書原本，假使河內泰誓與孔壁泰誓不一，他大可直接據中秘本駁斥，有如前漢成帝時揭發張霸所獻百二篇尙書係僞撰的法子，何必迂曲將證據訴諸其它書傳中的泰誓引文？即使退一萬步說，馬融沒見過，但劉向、班固見過啊！漢志六藝略書類敍錄說：

劉向以中古文校歐陽、大小夏侯三家經文，酒誥脫簡一、召誥脫簡二……文字異者七百有餘，脫字數十。

如果孔壁本沒有泰誓，或雖有泰誓，但與河內泰誓迥異，這麼嚴重的事，劉、班二人絕不會不提。

綜上所述，河內泰誓當是秦火以前的作品，否則沒有必要藏諸屋壁，更不至於有勞博士集讀。所以如果河內易是雜卦，雜卦成於西漢中葉人手的嫌疑就大減了，反倒得將雜卦的著成提到先秦。而且這次雜卦出土也是復出，當時博士官本已有了。如果河內易不是雜卦，雜卦的著成時代還待討論，但絕不該再循前人論證的故轍。

三、推論

最後我提出個人的一點推想。孔穎達在周易正義卷首中曾說：

數十翼亦有多家……一家數十翼云：上彖一、下彖二、上象三、下象四、上繫五、下繫六、文言七、說卦八、序卦九、雜卦十。鄭學之徒並同此說，故今亦依之。可見今本十翼不過是諸多分合取舍易傳成果中的一種⑱。歐陽文忠公文集卷七七易童子問卷三早指出：今本繫辭以下多繁衍叢脞之言，乃不同講章滙編成的，此說誠爲有識。據張政烺在「座談馬王堆漢墓帛書」中的報告⑲，知道帛書繫辭：

和今本對勘，上篇基本相同，但帛書沒有「大衍之數五十」一節（約一八九字）……下篇出入稍大，尤其是第五章（據周易本義本）的後半部，帛書有一大段（約二十三行，一七〇〇字）今本刪去，其中的一段約一百五十六字，變成今本說卦篇首的第一至三章……今本的「子曰危者安其位也」一段一〇一字、「子曰顏氏之子其殆庶幾乎」（一段一四九字，帛書繫辭都沒有，而見於另一篇其尾題作「要、千六百卅八」中。這也說明今本繫辭是雜抄成書。

因此我懷疑今本雜卦早存於班固所說易傳之「屬」中，跟今本序卦連在一起，猶同今本乾文言乃是四種對乾卦爻辭的不同解說併成。後來以今本周易卦序爲準，視這部份就「雜」了，剔出另立名目，「序卦」就成了今本序卦傳的專稱了。

【附　註】

① 周禮春官占人：「凡卜簭既事，則繫幣以比其命，歲終則計其占之中否。」高亨「周易古經通說」第一篇第四節解釋得好：「說文：『幣，帛也。』繫帛，謂繫其記錄占事之帛於某處……命謂命龜或命蓍也……筮人將命蓍之辭，依其卦爻分別繫列，此卽所謂『比其命』也……筮人將其筮事記錄，選擇其中之奇中或屢中者，分別移寫於筮書六十四卦卦爻之下，以爲來時之借鑑，逐漸積累，遂成周易卦爻辭之一部份矣。」將筮問記錄整理爲筮書際，就遇到了卦的編次問題。

② 參近人沈延國「京氏易傳證僞」一文，收於臺灣中華書局編「中國語文學研究」。

③ 序卦正義說：「今驗六十四卦，二二相耦，非覆卽變。覆者，表裏視之，遂成兩卦，屯蒙、需訟、師比之類是也；變者，反覆唯成一卦，則變以對之，乾坤、坎離、大過頤、中孚小過之類是也。」雜卦基本上也是用覆變法編次，但如朱熹易本義所說：「自大過以下，卦不反對，或疑其錯簡。」蘇軾東坡易傳卷九、俞琰周易集說卷四十各有移正。

④ 李鏡池於「易傳思想的歷史發展」一文「說卦、序卦、雜卦的後出」節中以爲：序卦、雜卦「都是解釋卦義，是文字訓詁」，不過所用方法不同：前者用縱貫法，後者用錯綜法。由於「漢代經師對卦義訓釋

必多分歧……（但）漢儒重師承和家法，不敢違背，也不肯相讓，故序卦和雜卦的作者各立門戶，而並存於易傳。」按：今本雜卦是否只是解釋卦義，可再斟酌，今本序卦則斷非如李氏所言。然家法不同的假說甚具啓發性，惟仍囿於周易只一種卦序的觀念裏，故以爲宗派不同的狀況只存於漢易學中，不知自古已然。李文收於氏著「周易探源」。

⑤ 屈文原載於一九三六年十二月出版的山東省立圖書館季刊第一集第二期，後收於「屈萬里先生文存」第一冊。

⑥ 如屈萬里先生「漢石經周易殘字集證」卷一「漢石經周易之篇第」節所說。

⑦ 馮椅厚齋易學附錄先儒著述上費氏易條下引這段文字作「十篇之言」。荀悅漢紀卷二五孝成紀河平二年：「臣悅叔父司空爽著易傳，據爻象承應、陰陽變化之義，以十篇之文解說經義。」參照後漢書卷七九上儒林列傳孫期傳末：「而陳元、鄭衆皆傳費氏易，其後馬融亦爲其傳；融授鄭玄，玄作易注；荀爽又作易傳，自是費氏興。」知漢紀十篇指彖象等而言。疑漢書卷八八儒林列傳這段話中「文言」二字係「之言」形訛。或說「文言」二字誤乙在「十篇」之下，經典釋文易敍錄即有此意。

⑧ 有關這句應如何解，說甚紛紜。王應麟困學紀聞卷二據漢志載劉向校書時報導，以爲俄空指亡一篇；經解卷四一九王鳴盛尙書後案酒誥篇末以爲當指全亡，據韓非說林篇引酒誥文而作康誥曰，疑揚雄所見尙

書乃將酒誥混入康誥的別本，故以爲空；經解卷五九九段玉裁古文尚書撰異書序第三二以爲俄空指酒誥序偶不存，久而竟亡，非關酒誥經文，後人所謂數篇同一序者實際是目存序佚，揚雄猶識，擧一例其餘而已。汪氏義疏盡闢各家說，以爲「古書凡有脫文，每中空以識之，逸周書此例最多……伏書有脫簡，伏生不容不自知之，知有脫簡而老耄遺忘，不復能擧其辭，則令傳寫者於此姑空若干字，以俟異日之或求得其文而補焉……故俄空云者，非忽忘之謂，乃姑闕之意……蓋子雲晚年所見尚書通行之本……脫簡之處盡已聯屬無迹，不復知有闕文，專己妄作，全失其眞，故發此慨」。按：而當讀作如，日知錄卷三二有說；俄訓忽然；過去都以焉字連上文讀，非是，焉讀如案、安，義猶則、乃、如是，清人有詳說。這句與「易損其一也」同是設辭，是說縱使書序明列百篇篇目，如果酒誥突然亡佚，今日雖然孔壁本有這篇，但由於俗師頑陋，書的結構也無從必然顯示有缺，就會平白少了一篇。這樣才能和上文「書之不備過半矣，而習者不知」相呼應。

⑨ 至於那一篇禮，孔德成在「儀禮十七篇之淵源及傳授」一文中以爲乃儀禮喪服篇，理由是「喪服一篇（鄭玄）不注今古之異，則喪服只有一本也明矣……若以河內同出之易、書之例推之，彼既爲漢人之作，則此篇正宜其無古文也」。按：孔說非是。沈文倬在「略論禮典的實行和『儀禮』書本的撰作」一文第三節中指出：「士喪禮上篇不僅與記述葬禮部份的下篇既夕相連成文，不可分割；而且還必須包括記述

葬後三虞、卒哭、小祥、大祥、禫等喪、吉諸祭的士虞禮，方能成爲完整的三年之喪。而喪服一篇本是密切配合這三篇的：士喪禮記親喪第三日大斂『成服』，即是依據喪服條文來確定所有內外親的服制；既夕記葬後舉行三虞喪祭、卒哭吉祭後的除去重服，改受輕服，士虞禮記記滿一年小祥祭後去首服用練冠，滿二年大祥祭後除衰服用朝服，二十六個月禫祭後恢復常服，都是按照喪服行事。」割裂開，將無從送死飾生，故「必在同時撰作」。沈氏並指出墨子節葬、非儒、公孟三篇已括引到喪服經文。此外，我們在齊衰三月章看到「寄公」之服，這在秦以後已經不存在了。在在顯示喪服經記乃戰國時期作品。至於孔氏說鄭注獨於喪服篇不疊今古文差異，也屬漏檢。斬衰章「冠六升」鄭注：「布八十縷爲升。升字當爲登，登，成也。今之禮皆以登爲升，俗誤已行久矣。」賈疏：「則今古禮皆作升字。」齊衰期章「疏衰、裳齊、牡麻絰、冠布纓、削杖、布帶、疏屨」鄭注：「今文無冠布纓。」大功九月章「三月受以小功」鄭注：「……古文依此禮也。」阮校引戴震校李如圭儀禮集釋語：「古文下當有訛脫。」經解卷五二三徐養原儀禮古今文異同疏證喪服經傳第十一以爲非，乃與下文「君爲姑姊妹女子子嫁於國君者」相照應。孔文載於一九六七年一月出版的東海學報八卷一期；沈文載於一九八二年十一月出版的「文史」第十六輯。

⑩ 龔自珍全集第一「大誓答問」以爲今古文尚書都沒有泰誓，孔氏所上本僅五十五篇，秘府誤將民間泰誓

併合，班志「不分析還之」，竟混同冠以古文。黃彰健同意龔說結論，但對篇卷另有數法。於「經今古文學問題新論」第十六章「論今文尚書、古文尚書的卷數篇數」中，以爲四十六卷是指伏生本同有的二十九卷（康王之誥與顧命分爲二），加上十六卷伏生本所無的，再加一卷書序。至於五十七篇，則是將盤庚分爲三、九共分爲九、書序過長分爲二所致。按：書序篇卷數向來都被視爲一，黃氏數篇時視爲二，乃緣諸漢書卷八八儒林傳載張霸當時僞作的尚書篇數爲百二推論的，以爲奇零的兩篇指書序而言。顧頡剛「周公執政稱王——周公東征史事考證之二」一文第三節中已有如是假設，但黃文付梓時，尚未及見。黃氏依這種假設來數漢志登錄的尚書篇卷數，固然化解了過去如王先謙等人說法的不合理處——卷數序，篇不數序，但他顯然忽略漢人不以序爲經文，怎能將序一卷納入四十六卷尚書古文經的名下？更何況那有計孔壁百篇尚書時不數序，計孔壁殘本尚書時倒計序了？尚書正義汨作等十一篇序下釋文：「馬、鄭之徒百篇之序總爲一卷。」並開始爲序作傳注，但依虞書正義的報導，鄭注尚書三十四篇，「篇數並與三家同」，顯見依然視序爲附錄，未升入經的篇卷中去計算。至於伏生本二十九卷，黃氏以爲乃是二十八篇經文（康王之誥合於顧命）加一篇書序。所以如是，乃據熹平石經殘字知今文本末附的書序中有泰誓序（依黃氏該書第十七章「論書序」及第十八章「論『泰誓後得』與史記周本紀的關係……」的說法，乃官博士從孔壁書序補入，故經僞序眞），而無康王之誥序，以爲若「說漢人爲了尊重『法斗四七宿，其一曰斗』」，竟於加入河內泰誓後，「將伏生尙書原有的康王之誥序予以刪除，這實在不近情理」。按：增序與刪序同屬不守家法，不近漢情。但眞正關鍵性的問題還在於伏生本是否原附有書序，雖然東漢末官本尙書碻附有書序。試想：書序附在秦誓經文後，是序序相銜的，若說伏生原藏本書序部份殘泐，那有說剛巧殘泐的跟經文部份殘泐的情形相呼應？若說不殘，何以論衡正說篇說：「至孔安國書出，方知有百篇之目」？若說伏生本原無書序，三家本書序乃節鈔自孔壁本，似又與當時「抱殘守缺」、「無從善服義之公心」的情況相迕。較可能的情況是：伏生壁藏殘本雖無書序，但他將所授二十九篇的序口誦出來，而這二十九篇中包含泰誓，康王之誥合於顧命，所以三家本尙書始終不將顧命後半割裂另立一篇。顧文以遺稿形式載於一九八四年十一月份的「文史」第二十三輯。

總的來說，歷來數尙書篇卷的人最大缺點在於徒在字面上兜合，不進行實質反省。試想：依漢志轉引劉向的話，二十來字一簡是孔壁尙書簡牘容字的情況，漢世經書則一簡容六十字上下是常態，那麼像八十來字的甘誓、高宗肜日等短篇如何成冊收卷？顯然漢志登載的篇卷數當如陳夢家在「武威漢簡」敍論三章十節中所理解的：「稱卷指其卷帙；稱篇指其篇題。志記『爾雅三卷二十篇』……此是二十篇題而寫成三冊……六藝略中，詩皆稱卷而不稱篇，因詩本祇三百篇，且多幾句短章成篇者，不能一篇爲一卷……儀禮本是十五篇，（因將士喪和少牢）分卷後成爲十七卷，逐漸成爲十七篇。」所以尙書古文經四十六卷指的是內容長短不一的四十五篇文字寫成四十六個卷子，有的一卷是兩、三篇合成；有的一篇因過長可能寫兩、三卷，種下日後盤庚等分爲上、中、下，甚至妄將堯典等割裂爲二的部份原因。

⑪ 過去如屈萬里先生「漢石經尙書殘字集證」卷一第六節以爲熹平石經用的是小夏侯本。一九六八年冬河南偃師縣佃莊公社東大郊大隊第十生產隊所在附近出土石經尙書兩片，其中一片背面是堯典、皐陶謨部份校記，共十六行。從第四行「皐陶大小」、第七行「震敬六德大」、第八行「斯食大小夏」、第九行「根食大夏侯言」、第十行「粉米大夏侯言粉」、第十二行「是好敎虐是作大夏」、第十三行「時乃工大小夏侯言」、第十四行「於予擊石大夏侯无」，知道石經尙書乃據歐陽本，而以大小夏侯兩家參校。詳見許景元「新出熹平石經『尙書』殘石考略」，載於一九八一年第二期考古學報。

⑫ 陳夢家「尙書通論」第一部第三章第二節：「本始，阮校本尙書作『泰和』，校勘記云：『宋本、閩本同，毛本作「本始」。』此可證毛本『本始』之『本』或作『泰』。疑『本始』是『太始』之譌，太始正當武帝末。後人因譌太始爲本始，故誤爲宣帝時。」按：劉歆移太常博士書敍「泰誓後（復）得」後，緊接著說：「故詔書稱曰：『禮壞樂崩，書缺簡脫，朕甚閔焉』時漢興已七八十年。」劉氏此處乃稱引漢武元朔五年（西元前一二四年）六月下的詔，上據漢高元年（西元前二〇六年）正八十三年，故泰誓當得於元朔五年之前，非「武帝末」。

⑬王先謙尚書孔傳參正序例說：「讀後得太誓赤烏白魚之文，與中候合。明其爲中候，則有以處太誓矣。」楊希枚「論今文尚書太誓、尚書大傳太誓及史記的白魚赤烏神話」一文更詳申王說，於第五章以泰誓「白魚赤烏說」與緯書相較，證明均出自龜鳳或魚鳥雙使授圖書的母題，中涵帝德符應思想，而這項母題又源自上古鳥獸爲天使傳命或鳥獸感生說的神話原型。於第三章持泰誓佚文與尚書中候合符后、雒書靈准聽佚文對照，以爲河內泰誓實可謂羼入正經的一篇緯書文獻。按：王、楊說甚具識見，惟執爲正經乃甚晚才定讞的事。戰國時儒分爲八，各纂所聞欲論，今書序所列百篇恐怕不過是一家書目，所去而被後人視爲或採入緯書的，早先未嘗不可能爲別家輯作尚書正經，不宜徒以雜有五行符應作經緯分野判準。至於楊氏以河內泰誓或出自小夏侯家僞撰，經劉向歆父子增飾，徧竄群籍，作爲政治上宣傳或攻侮的工具，因而雖原不在伏生所傳二十九篇內，也夤緣得入官學，說雖博辯，不脫康有爲、崔適故弊，故本文不取。楊文載於一九七六年四月中央研究院出版「總統蔣公逝世周年紀念論文集」。

⑭小戴記奔喪正義引鄭目錄說：「……實逸曲禮之正篇也。漢興，後得古文，而禮家又貪其說，因合於禮記耳。」據投壺正義所引鄭目錄，知投壺「亦實（逸）曲禮之正篇」，也被講「行於世」的二戴學學者充作今禮講章。

⑮請參閱黃沛榮「周易研究」第二章第一、二、三節。然晉世汲冢中確有周書復出，唯所出是全體或小部

份，則有爭議。晉書卷五一束皙傳報導所出書目，最後說：「又雜書十九篇：周食田法周書論楚事周穆王美人盛姬死事。」問題在「周書論楚事」一語的分合。朱希祖「汲冢書考」以爲是周書、論楚事兩種，而且周書乃全部復出。至於七十一篇的周書何以能見納於雜書十九篇中，朱氏以爲：出土時乃簡牘，稱篇；晉人隸定於紙，易爲卷。周書雖有七十一篇，然篇多短，有僅數十字的，集合數篇方成一卷，所以可見包於十九。晉人報導從時作「卷」，唐修晉書，不明而妄改作「篇」。黃氏「周書研究」第二章第四節提出三點質疑，認爲張心澂於修訂版「僞書通考」別史類逸周書末按語所言較勝：周書論楚事當連讀，「周書」乃用來標明「論楚事」原所隸屬，如尚書禹貢、尚書洪範之比，故復出的只是極小部份。朱文收於「朱希祖先生文集」册三。

⑯ 黃文載於氏著「經今古文學問題新論」，爲第十八章。

⑰ 請參閱顧頡剛「『逸周書世俘篇』校注、寫定與評論」，及屈萬里先生「讀周書世俘篇」。顧文載於一九六三年四月出版的「文史」第二輯；屈文原載於一九六五年出版的「慶祝李濟先生七十歲論文集」，後收於氏著「書傭論學集」。

⑱ 古書分合取舍不定是常有的事。子部中如莊子，經典釋文序錄說：「郭子玄云：『一曲之才，妄竄奇說，若閼奕、意脩之首，危言、游鳧、子胥之篇，凡諸巧雜，十分有三。』」漢書藝文志『莊子五十二篇』

，即司馬彪、孟氏所注是也。言多詭誕，或似山海經，或類占夢書，故注者以意去取，其內篇衆家並同，自餘或有外而無雜。」故所登錄晉世五家注本，沒有任何兩家篇卷一致。王叔岷「莊子校釋」自序對內、外、雜篇篇章區畫的出入情形有更詳實的說明。經傳部份如論語，何晏集解序說：「齊論有問王、知道，多於魯論二篇。古論亦無此二篇；分堯曰下章『子張問』以爲一篇，有兩子張，凡二十一篇，篇次不與齊、魯論同。」如今從一九八一年第八期文物所載「定縣四十號漢墓出土竹簡簡介」得悉：中山王劉興墓所出論語殘本與今傳本章數分合很少相符，是三論並行時的另一個本子。這猶是在同一書題下的分合取舍，古人還有將不同書題但彼此相關的文字抄附在當中一篇後的習慣，使情況更複雜。如穆天子傳後附有周穆王美人盛姬死事、周書王會篇後附錄商書伊尹朝獻、管子問篇後附載制地、馬王堆小篆本老子附錄伊尹九主、韓非子存韓篇後附抄李斯駁議。以此類推，今本雜卦可能由位依今本周易卦序講學的人輯附於今本序卦後，以「廣道術」。

又，經典釋文於今本說卦末說：「荀爽九家、集解本乾後更有四：爲龍、爲直、爲衣、爲言；坤後有八……。」這一部份或非早期易學家對說卦言象部份取舍不同所致，而是漢經生昧於今本說卦乃一家言（參高亨「周易大傳今注」卷六說卦解題及附考一），故當他們持此與卦爻辭相釋，覺得卦爻辭所言事物常不見於今本說卦，而以爲書缺有間，擅自補上。

⑲ 載於一九七四年九月份文物。

參　今本易傳與先秦儒學關係的再審①

一、周易與先秦儒家關係的辨析

從漢武以降，一提到儒家的經典，總以易冠群籍。班固在漢志六藝略敘論中就說「易爲（五經）之原」。可是先秦儒學三位宗師——孔、孟、荀在論述的時候絕少提到它②，這種奇怪的對比頗值得推敲。

或許有人會如此假想：先秦諸子多非及身著述，常是身後由他的弟子後學將他的思想言論用文字寫定下來，而負責寫定纂輯者有他個人的立場觀點，對於什麼該記、什麼不煩竹帛，畸輕畸重在所難免，所謂「告非其人，雖言不著」；再加上先生教授時往往因材施教，而所授的內容又隨先生一生各時段體悟著重點不同而異，負責寫定纂輯的人可能沒有接聞宗師論易的部份，所以今天看到的論、孟、荀中很少論易、引易。按：這種假想得以負責寫定纂輯三位宗師言論思想的人都對於易有偏見，都未接聞他們先師論易的部份為前提，巧合性太大，也就使得這種假想成立的可能性過低③。所以三位宗師的遺著裡都罕言易當另有原由。

或許我們可以這樣解釋：儒學從創立之初強調的就是行所應然，雖然行為後果未必能滿足道德意圖，也不因此改變行為方向與行為本身，至於該後果所可能帶給行動者本身的利害得失，更不在決定行為的考慮中。這可以用論語微子篇裡的一句話：

> 行其義也；道之不行，已知之矣！

與孟子告子篇上的：

> 所欲有甚於生者，所惡有甚於死者，非獨賢者有是心也，人皆有之，賢者能勿喪耳。

表示。而易這個系統下的行為規範注重在行事前預知行事果效，所謂吉凶，依吉凶決定行為方向，這乃屬於有條件式的、它律的行為模式，與儒學的基本取向大相逕庭。或許有人會說：吉凶未必只能解釋作具功利意義的得失禍福等，也可當作具道德意義的善惡講，好比詩召南摽有梅「迨其吉兮」，毛傳就說：

> 吉，善也。

說文卷七、廣雅釋詁三都說：

凶，惡也。

易以吉（善）、凶（惡）衡量行爲的取舍，與儒學以義、不義衡量行量的取舍，只具用詞字面上的差異，並無本質上的抵牾，論學不當死於字下。姑且不論所引證材料中的善、惡是否眞具道德意義，這裡我只想指出：依孟學系統，義與不義的判準來自天賦的道德資源，所謂深植於人內在的良知；依荀學系統，義與不義的判準來自聖王制訂的禮，不論服膺的是孟學或荀學，個人行事前都不待在良知或禮以外另尋決疑的對象，那麼著占的整個過程與由這過程所可能得出的卦象爻辭全部形同贅疣，但偏偏易之所以爲易就在這上面，所謂「君子將有爲也，將有行也，問焉而以言，其受命也如嚮」，取銷掉它，易也就作廢了。

儒家對傳統的態度是尊重的，但尊重並非意謂沒有批判選擇性的全盤照收。儒家對於身爲周文之一的周易未必主張棄諸溝瀆，至少荀子在王制篇擬訂的官僚系統中就依然保留卜筮故業：

相陰陽，占祲兆，鑽龜陳卦，主攘擇五卜，知其吉凶妖祥，傴巫跛擊之事。

但由於儒家在質方面的創造性轉化，鬼神尚且置於存而不論的界域，依附鬼神而成立的易術自然被委婉地推移到一個不相干的位置。荀子天論篇明白表示：進行卜筮這類儀式與決事沒有任何實質上的關聯：

「雩而雨，何也？」曰：「無何也，猶不雩而雨也。日月食而救之，天旱而雩，卜筮然後決大事，非以為得求也，以文之也。故君子以為文；而百姓以為神。以為文則吉；以為神則凶。」

因為依荀子的看法，決事的憑藉得訴諸知禮、可道的心，所謂天君，人不反躬自索，而在茫茫天地中別尋主宰，正顯示天君失位，這種認識上的昏蔽才是大凶的眞正來源。因為心不清明，無從識禮、知道，結果「倍道而妄行」，縱使有那麼一位俗人錯覺中的天主，也「不能使之吉」。至於一般人所謂的凶其實只能說是異，僅是些現有對物理世界的知識尚未能解說的現象罷了。事實這種看法早在春秋中葉已露端倪，僖公十六年春「隕石于宋五」、「六鷁退飛過宋都」，左傳記載：

周內史叔興聘于宋，宋襄公問焉，曰：「是何祥也？吉凶焉在？」……（叔興）退而告人曰：「君失問，是陰陽之事，非吉凶所生也。吉凶由人……」

孟子在公孫丑篇上也提醒人當分辨天孽、人孽，若不能明辨，委人事天，那才眞將陷入不可活的境地。所以他勸人不要仰仗天時，所謂時日干支孤虛王相④這些玩意兒，該去掌握人和，掌握了人和，雖然天作孽，未必不可違，所謂天定固能破人，人定也能勝天。其實世間很多事何勞占問？論語子路篇說：

「不恆其德，或承之羞。」子曰：「不占而已矣。」

皇侃義疏卷七對上半段解釋得很好：

言人若爲德不恆，則必羞辱承之。羞辱必承，而云或者，或，常也……詩云：「如松柏之茂，無不爾或承。」鄭玄曰：「或，常也。」老子曰：「湛兮似或存。」河上公注云：「或，常也。」⑤

至於下半段，過去的註釋家都在敷衍字面，愈說愈糊塗，唯今人楊伯峻「論語譯註」把意思講出來了：

孔子又說：「這話的意思是叫無恆的人不必去占卦罷了。（因爲他只能有凶，不能有吉。）」

這與荀子大略篇所說的「以賢易不肖，不待卜而後知吉」，語反義合。因爲儒家基本上認定人具有，而且應該發揮這種反省的能力，以得自知之明，所謂自覺，那麼對於走它覺的易筮系統要不到有「若傷我者」的地步⑥，至少也是「敬而遠之」，無怪乎荀子大略篇要說出「善爲易者不占」的話。

或許有人會作這種假設：不錯，就本質大方向而言，周易與儒學相左，但這並不妨礙它的形式爲儒家借用來從事儒學的自我闡發啊！今日所見先秦儒學三大宗師的著作裡固罕見他們引易申論，但先秦儒者還多的是，今本易傳很可能就是那些佚名的鴻儒用這舊瓶裝的新酒。

針對這種假設，除了我已在註③中指出它要想成立可能性的薄弱，在此地還想提出兩點就教：第一，假使某些學者堅持今本易傳是儒家的作品，甚至說是圓教，我們將發現一個有趣的現象，那就是他們在從儒學角度去解說今本易傳的時候，總是有意無意撇掉相當一部份不講。細檢之下，那些被擱置的部份都是談象數的。巫風太重，跟他們想講的兜合不上吧！除非他們承認今本易傳是由兩大部份纂輯成的，一部份是筮人世業的遺說新詮；一部份是儒學。我不禁想問：這究竟是筮人爲攀附顯學而將儒者講章拉進來？還是儒者本諸追遠報始的厚道心態，雖已得魚，不棄故筌，更何況象數雖小道，未必無可觀，因此把筮說存以備參？還是漢朝學者受文化刼難刺激過深，存古心切，喜猶及史之闕文，因此把先秦凡涉及易的論說一股腦兒滙集起來？這些情況都有可能，但問題在於：如果我們不須經過刻意簡別，而能對這些素材有周延一致的講法，爲什麼不採用？在學術研究領域中，一種說法的可取性當同時顧及它解釋的深度與廣度，徒求力戒卑俗膚泛，而不顧到廣度問題，難保不陷入嚮壁虛造的泥沼裏。第二，徒用一部作品的形式來闡發個人思想，何以要採用一部原有內涵方向與之相左如許的作品？相傳孔子刪詩書，今日學者大致認爲：所謂刪應意謂孔子在教學時對這些手邊的教材作過選擇，並非不管黑白，什麼都拿來充當酒瓶。所以如此，恐怕就是因爲有些舊酒與新釀出入太大，硬裝進去，縱使只是借用形式，也未免過份不協調。所以武成整篇記錄，孟子只取二三策。像「血流漂杵」這類文字如何曲解比附成以至仁伐不仁、不殺一夫得天下呢？不錯，自古以來就有打著紅旗反紅旗的情形，但那都是在專制極權的政治環境下，別無其它形式可資憑藉，才不得不出的下策。戰國時諸侯並峙、處士橫議，那來的這種壓力？因此有人認爲：儒家將易吸收進經典的行列是受了秦火的影響⑦。以爲在焚書令下，儒家固有經籍不獲保，而當時易緣卜筮的內容，與醫葯、種樹的書同在焚令外，當時儒者只有採迂迴路線，套用易筮占的外衣，來掩護儒學的講授。這些講授的成績不少就構成了今本易傳的主體。這種假想大概是從漢書卷三十藝文志裡的一段話獲得靈感的：

> 及秦燔書，而易爲筮卜之事，傳者不絕。

而班固的說法應當源自劉向、歆父子，至少劉歆移太常博士書中似曾有這樣的暗示：

> 陵夷至于暴秦，焚經書；殺儒士，設挾書之令；行是古之罪，道術由此遂滅。漢興……天下惟有易卜，未有他書⑧。

但只怕個中問題並不簡單，有待重檢史記卷六秦始皇本紀那段焚書禁講學的文字及相關記載細究一番。

二、秦火說質疑及秦代易學的擬測

依照犯禁刑罰的輕重，知道以古非今是最嚴重的，要族誅。那麼不以古非今，反而古爲今用，禁不禁呢？始皇三五年紀文載：

> 始皇聞（盧生等）亡，乃大怒曰：「吾前收天下書，不中用者盡去之。悉召文學方術士，甚衆，欲以興太平。」

可見焚書是消極的，不過是整個事件的一面，還有積極的一面：用書興太平。而判定書有用與否恐怕並不止於日常生活層面，也就是說，被視爲有用的書不限於醫、農類，當涉及能否支持既行政策與政權合法性。這點可從史記卷九九叔孫通傳得悉。儒家公羊學中作爲律己、純化意念要求的名言「君親無將」照樣可被公然引用，只是已被曲解利用作律人，支持暴政的理論基礎。從始皇紀所引盧生的話裡：

候星氣者至三百人，皆良士，畏忌諱，諛，不敢端言其過。

知道那些鄒衍的徒孫們未始不明瞭應該用他們的方術使統治者「懼然顧化」、「尚德」緩刑，結果却將整套系統割裂成妾婦之道取媚求容。說穿了，一點也不值得大驚小怪。書不會自己開口，開口的是人；作書者已故去，講書的却見在，所以問題不在一個學說或一本書本義如何，而在後人講得如何。那麼，易不論在當時被視爲與詩書同類的先王學之一，還是但爲一本筮書，是否都有可能被曲學阿世的人當作古爲今用的材料？

其次，集權專制不允許另有一獨立系統存在，就是怕在天子之是非外另有是非，使主勢降於上，所以要迫使學術臣服，定於一尊，唯知是不知非。偶語詩書所以是第二大禁忌就因爲它是以古非今的準備或溫牀。品評人事先有賴可供作品評判準的資源研習。

與此赫然相對的是以吏爲師習法令，這所以受鼓勵是因爲它能貫徹政治一元化的企圖。詩書二字不過是一個表徵，禁止偶語詩書恐怕不代表可以偶語別的會導致非今的作品學說。

小戴記王制篇說：

……行僞而堅、言僞而辯、學非而博、順非而澤，以疑衆，殺。假於鬼神、時日、卜筮以疑衆，殺。

不論照正義所推斷「王制之作蓋在秦漢之際」，還是照正義所引盧植的說法：

漢孝文皇帝令博士諸生作此王制之書⑲。

這篇都成於偶語罪、妖言罪盛行的年代，王制篇這幾句話顯然是實際政風的反映。既然如此，儒家從何在這種環境下取巧而不被扣上假易占疑衆的大帽子？更何況今本易傳中有些明顯不合時宜的論調？好比屯卦今本象傳說：

宜建侯而不寧（釋文：「鄭讀而爲能，能猶安也」）。

比卦今本象傳說：

先王以建萬國、親諸侯。

焚書禁講學這場大風暴的導火線就是由於博士淳于越反對郡縣，提倡封建，已焚已禁後豈再容「愚儒」在講易的時候「異取以爲高」？今本象傳在蠱卦上九爻辭「不事王侯，高尚其志」後說：

志可則也。

韓非在詭使篇中曾慨歎：

夫立名者，所以爲尊也，今有賤名輕實者，世謂之高；設爵位所以爲賤貴基也，而簡上不求見者，世謂之賢……官爵所以動民也，而好義不進仕者，世謂之烈士。

在五蠹篇中批評這種「退處巖穴，歸祿不受」的隱逸會弱兵亂政，與主張運用刑賞驅民耕戰而臻國家富強的法家政策有根本上的衝突。講易的人如此公然唱反調，豈能見容？尤其有意思的一點，馬王堆帛書周易在蠱卦那句爻辭下多出兩個字：德凶，與今本象傳意思完全背馳，莫非這正是或人爲媚秦而羼入的？

其實依今日一般的見解，今本易傳泰半寫定於秦火前⑩，只這一點就足以否定秦火與儒家（？）講易有多少因果關係，更何況今本易傳內容還有明顯犯禁的？可是班固卻肯定地說易學在秦時「傳者不絕」，那麼那會是一種什麼樣的易學呢？莫非易眞曾被用作媚秦的工具？有關這點，我只能指出幾項可注意的事象。

始皇二六年紀文說：

> 始皇推始終五德之傳，以爲周得火德，秦代周，德從所不勝，方今水德之始……衣服旄旌節旗皆上黑。數以六爲紀：符、法冠皆六寸，而輿六尺，六尺爲步，乘六馬。更名河曰德水，以爲水德之始……然後合五德之數。

秦受五行說的影響當是不待爭的事實⑪，就它與周易可能相涉的關係似乎有四點。首先，六是秦朝的聖數。除紀文明言「符、法冠皆六寸」等等之外，陳夢家於「尚書通論」第二部「堯典爲秦官本尚書考」中並指出：秦「分天下以爲三十六郡」、銷天下兵器「以爲鐘鐻金人十二」，都是以六爲聖數這個意識型態下的產物。嚴可均在全秦文卷一嶧山刻石下自注：

> 秦刻石三句爲韻，唯琅邪臺二句爲韻。

兩句一韻是常態，嚴氏雖指出這怪現象，但沒說明所以然。同時嚴氏也沒察覺到另一特殊現象：嶧山、之罘東觀、碣石門、泰山、之罘五刻石都是十二個韻腳，前三個刻石換過一次韻，每六個韻腳成一組；會稽刻石共二十四個韻腳，換一次韻，每十二個韻爲一組；琅邪刻石共三十六個韻脚，換五次韻，除第一段以十二個韻脚爲一組，以下都是六個韻脚爲一組。我看這一切只有從六爲秦的聖數這種認識上才能予以解釋。那麼五行思想不僅浸入政治、學術領域，似乎還波及一些語文形構。而易是以六畫的卦組合成的，且照筮家的說法，乾坤之策合起來是三百六十，象徵全備，所以從某一種意義上說，易也可視爲是種以六爲基數的作品，會不會因此使它無形中爲有心者附會，以致多少蒙上一層保護色？

其次，今本繫辭上裡有句怪話：

天生神物，聖人則之……河出圖、雒出書，聖人則之。

看尙書顧命將河圖與大玉、夷玉、天球并列，學者推想它可能是某種有紋理的玉石；又，從論語子罕篇所載，孔子將河出圖與鳳鳥至聯提，它當是古人觀念中視爲祥瑞的器什，稱爲「神物」不爲過。我在這裏不打算追究這件困擾學者幾二千年的公案⑫，只是想問：這麼一件東西跟卦爻的製作有什麼關係呢？誠然筮家會自我吹噓：卦爻的製作是古神人包犧氏徧觀萬物文理法象領悟得來，但何以要在諸素材中獨獨突出河圖呢？莫非因爲自鄒衍推定繼周而王的乃水德，河圖不再止於一般瑞應，而是新聖昭符？故史記卷六始皇本紀後所附錄的班固秦紀論說：

周曆已移，仁不代母，秦直其位……蓋得聖人之威，河神授圖。

鄒衍替他的恩主燕昭王設計的不是明堂，而是幽宮（玄宮）圖；盧生自海上歸來，不奏別的，單奏錄圖書⑬，不都是識時務之擧？如果今天宣稱新聖昭符曾爲易所摹寫，甚至說河圖就是八卦，易卦也就等於秦的德符，至少是德符小宗，那麼易不但不會遭焚禁，只怕反將因參與秦爲新聖這套意識型態陣營而備受靑睞。

第三，主水德的神是黑帝叶光紀，上古的顓頊，也就是傳說中秦的始祖自然當仁不讓地坐上北方帝的寶座；顓頊歷固然早已成爲秦的法定曆⑭，現在更是堂而皇之地頒行天下，以示大一統。而中古能招麒麟來的孔子也被說成是黑帝之子，所謂「玄聖素王」⑮。將易攀上黑帝子，說素王曾經贊易說符，易豈不愈發有保障？歷來的政教龍鳳配豈會獨在秦代闕如？過去學者總以爲孔子深爲秦廷排斥，這話有待界定，因爲中國歷史人物沒有誰比孔子遭過更多的扭曲附會。如果那些學者心目中的孔子是孟子所願學的那個影象，自然與秦廷扞格難入。但我們知道孔子死後沒多久，儒門已裂爲各種支派，各自許爲正統。更糟的是不少文化界的混混也紛紛打起儒者的招牌，在這外衣下圖謀個人的利益，以致儒這個名銜到戰國末期已冒濫不堪，所以才逼使得荀子在儒效篇中力作清理門戶的事，剔出俗儒、賤儒，而眞儒學的對頭韓非也才會在顯學篇中辛辣地譏諷：

孔墨之後，儒分爲八，墨離爲三，取舍相反不同，而皆自謂眞。孔墨不可復生，將誰使定世之學乎？

在這班小人儒當中，就有一些本質是方士的人物，由他們泡製成的孔子與顓頊同是黑帝的道成肉身（incarnation），只是一在軍政界，一在學術宗教界，那麼「孔門」後人與嬴秦帝室乃是同一神聖家族的關係，何斥之有？眞當禘顓頊而郊孔丘了！我們看扶蘇爲坑殺術士一事勸誡他父皇時，公然引「誦法孔子」爲辭，可見一斑。誦法孔子當不會是誦詩書，這是明令禁止的，那誦什麼呢？尤其是胎源於巫覡的方士？秦朝嚴刑峻法，赭衣載道，殺人還殺少了？何以這次殺「誦法孔子」的人，人數尚不滿五百，就會弄得「天下不安」[16]？不正是因爲這班方士本爲嬴秦御用吹鼓手，專搞各式各樣的河圖聖籙以與太平，今天政教突然內鬨，等於自毀鴉片神霧的泡製者。以後再要用這批被刮過耳光的人弄把戲，莫說蠱惑鎮懾不住遠方未集的黔首，只怕已歸命的都要對這奉黑天、承水運的王朝合「法」性起疑了。扶蘇是黑朝首席繼承人，他怎能不急不諫？

最後，據史記卷六七仲尼弟子列傳的記載：

孔子傳易於瞿，瞿傳楚人馯臂子弘（漢書卷八八儒林傳作弓，且與矯子庸疵世序互易），弘傳江東人矯子庸疵（漢書作庇），疵傳燕人周子家豎（漢書作醜），豎傳淳于人光子乘羽（漢書作東武孫虞子乘），羽傳齊人田子莊何，何傳東武人王子中同……。

近人都懷疑這個師承譜的可靠性，但堪玩味的是：田何實有其人，已當漢興，他本身是齊人，從他往上兩代，怎麼托來托去總不出方士鳳興的老巢：燕齊？難不成在秦代傳易的孔門諸生真改業爲黑帝的祭司？還是根本只是那批說符侯樂意領受玄聖素王的錫號？

秦亡漢興，講五行的以嬴秦覇而不王，份屬閏位，劉漢才是大伙兒盼了百多年眞正秉承水德而起的大聖，既然如此，黑帝子編贊過的易依舊是昭代聖符，地位不變。等到土德派得勢，易和孔子的關係早已如影附體，權威根深柢固了。人們也淡忘了這段過繼承宗的歷史。其信乎？

三、今本易傳中易學基本結構子學式的辯護

由以上繁瑣的考辨，我們大致可以得知：周易罕為先秦儒學宗師引用討論，恐怕是緣於它的基本取向與儒學相左，若說這不礙儒者徒藉用它的形式，在解釋效力上又顯得薄弱，其中秦火驅儒托易立說的假想尤難成立。那麼今本易傳的思想究竟是怎麼來的？出自何方人士？

在「周易幾個基本問題的擬測」一文⑰第四節中我曾指出：易卦的構成元素無論是符號或數字，由此形成的卦的數量都相當有限，筮人很容易觸及一項質疑：憑藉這些有限的卦，何以能替古往今來各種人決斷他們所遭逢的各色各樣疑難？固然這只是周易基本結構長期孕結下的諸多問題之一，但卻是最切要的。上古的筮人或許從未遇到這種質疑，可是疑難本身並不因此消失，只會隨著歷史演進愈發深著。也或許筮人曾針對這項質疑有某種素樸的解說——雖然未流傳到今日——在一定程度內穩定了易占的權威性，但這些回應的有效力在歷史演進中逐漸失去，不但問題再現，甚至產生較以往更高的緊張性。當春秋末葉，中國上古文明步入「哲學的突破」（philosophic breakthrough）⑱階段，故家新秀各得王官學的「一察（際）焉以自好」，「持之有故，言之成理」，形成一個與過去截然不同層次的局面，古老王官學中的筮術要想不隨周文解體，勢須鑿破渾沌，別開生面，方不致因「言不雅馴」、「淩雜米鹽」見棄大雅。類化法於焉見采，作爲它再生活力的資源，或者也可能是在長期內在的默醞與當時外在的挑戰相互激盪下逼悟出，形成了今本易傳理論的骨架。

易學新秀認爲宇宙萬有均是由八大元素所組成，而這八大元素依其屬性又可化約爲兩大動力——陰與陽，這兩大動力有內在的衍生力，也有外部因彼此矛盾而引發的化生力，所以今本繫辭上說：

> 剛柔相摩，八卦相盪。

今本說卦也說：

> 雷風相薄，水火相射，八卦相錯[19]。

因此形成了宇宙萬有[20]。既然如此，宇宙萬有的歧異只是表象上的，如從內在本質上著眼，不過是八大元素依循數類律則在運作，因此今本睽卦象傳說：

> 萬事睽而其事類也。

將其中任何一項律動用符號表示出來，就是某一六爻的卦，所以今本繫辭下說：

> 象也者，像此者也……爻也者，效天下之動者也。

總括所有的卦，也就總括了宇宙所有的律動，所以今本繫辭上才能說：

易與天地準，故能彌綸天地之道㉑。

極天下之賾者存乎卦，鼓天下之動者存乎辭。

知易與知天成了同義詞了。那麼是誰洞鑒了這宇宙的奧秘，並創立這套符號象徵系統將它們模寫出來，所謂「見天下之賾，而擬諸其形容」？據今本繫辭下說，那是古代的神人包犧氏，他

仰則觀象於天，俯則觀法於地，觀鳥獸之文與地之宜，近取諸身，遠取諸物，於是始作八卦。

也就是說：他乃是透過各種觀察和經驗累積，而後歸納抽繹，才獲致這份洞鑒，眞稱得上是「極深而研幾」了。至於他的觀察、歸納以及最後設計的表述模式是否無誤，今本易傳並未提出任何理據論證來支持它們的正確性，只當作不煩置疑的前提，而且還認爲這份洞鑒「至矣」、「蔑以加於此矣」！後人欲窮神知化，只消時時觀卦象、玩爻辭，「觸類而長之」，自能達到「天下之能事畢矣」的境界。

宇宙的奧秘既然早已爲古聖洞明，並且表述出來，知道（知易）應是一件不困難的

事，何以今日我們會覺得讀易這本有字天書甚是難解，始終不能契道妙？「然則聖人之意其不可見乎」？按照今本易傳理論推衍，那是因爲讀者未能掌握表述天道的語言形式是象徵式的，非解析式的，以致不善讀的人常泥於筌蹄。執喻爲眞反失眞。那麼古聖何以不用解析式的語言呢？因爲被表述者是無方所、形而上的道，若表述者是有一定指謂、緣諸確切有限經驗的語言，必然將造成「言不盡意」的弊端。要想旣發揮語言表述的功能，又能免除伴隨該功能而來的拘限性，惟有採取象徵式的語言才是最佳途徑，因爲這種語言在認知過程中只居於啓發指點的助緣地位，主動力還在於心靈，而心靈正也是無方所，善於化裁通變的，足以與混混乾坤相應。但是心靈容易爲成見積習所蔽，如何解蔽使心虛靈不昧就成了關鍵性問題，今本易傳並沒對此提出解說，因爲它本質就是非知識的。何況如果人人都能自己明易通微，誰還再須要那些「精爽不攜貳……其聖能光遠宣朗；其明能光照之；其聰能聽徹之」的靈媒——筮人？

四、今本易傳感應論下的倫理學說

在類化法的使用下，宇宙萬有都被「以類聚」、「以群分」，人作爲一個自然存在，也不能獨立於類化以外，個人於是不只是人類社會中的一分子，同時也是宇宙這個大社會中的一個支分子。由於宇宙間所有的分子都是八大元素構成的，而八大元素既有自發性的衍生力，又有因彼此對立矛盾而必現的化生力，以致整個宇宙始終在動態中。就個人作為宇宙間一個支分子而言，它的質性，如身份、性別，以及動向，如言行、意念都被視為足以在宇宙互動中產生直接或間接的作用，並會接受到直接或間接的反作用。我們可以說：人的一切都足以參天地；我們也可以說：天地無親，報應不爽，綜括起來，就像漢人喜歡談的天人感應。以這種認識作基礎，我們才能瞭解另一篇濫觴於原始巫術的作品——洪範何以會認為人的貌、言、視、聽、思會使雨、暘、燠、寒、風或時或恆。洪範只說然，並沒說明所以然，這或是它先已肯認了這套觀念，或是它還停留在素樸的教條階段，未意識到須要進一步提出理據。

作用與反作用限定在同一類屬中進行，所以今本乾文言說：

同聲相應；同氣相求，水流溼；火就燥……各從其類也。

今本繫辭上也說：

慢容誨淫；慢藏誨盜。

作用量的差異絕不影響質——感應本身的有無，所以今本繫辭上說：

子曰：「君子居其室，出其言善，則千里之外應之，況其邇者乎？居其室，出其言不善，則千里之外違之，況其邇者乎？言出其身，加乎民；行發乎邇，見乎遠。言行，君子之樞機，榮辱之主也，言行，君子之所以動天地也，可不愼乎？」

今本繫辭下又說：

小人以小善爲無益而弗爲也，以小惡爲无傷而弗去也。

因此要防微杜漸，才能「自天祐之，吉无不利」，否則「失之毫釐，差之千里」[22]，因爲「憂悔吝者存乎介」[23]。在這裡，今本易傳就將人一般不夠謹嚴的生活態度與當時社會上道德破產的最劣表現——弒父、弒君聯繫起來，指出這一切「所由來者漸矣」，由辯之不早辯」所致。而「微」不只指可見的瑣言細行，也包括無形潛存的游思浮念，因此今本繫辭下說：

幾者，動之微，吉凶之先見者也[24]。

爲人怎能不「懲忿窒欲」呢？誠能「見幾而作，不俟終日」，「何不利之有」？

今本易傳雖在使用類化法時，將萬物與人同視爲宇宙的分子，似乎採取一個全照的觀點，但如上文所示：它的主要興趣畢竟還是在人（指導生活）不在天（解釋宇宙），論天本非終極目的，只是服務於論人的手段。更何況它是戰國中葉以來的作品？中國自春秋末經歷哲學的突破後，擬似人本論（anthropocentricism）的傾向愈來愈濃厚，所以今本易傳並不視萬物與人為同級次的存在，頗以人這個分子有特殊的地位，獨與天地並稱三才。而又由於人有意志及擷取各種資源發明的潛能，所以似乎比天地還要崇高。如果我們模仿張載西銘的語式，可說「人者，宇宙之宗子也」。人若善盡己之性，端正思念言行，將領導宇宙中其它組成分子彼此間的作用漸趨相輔相成，所謂「成性存存」，達到的最後，也是完美的境界，稱作「太和」。善盡人之性的個人是聖人，聖人地位的卓越不止於他在人類中「出於其類，拔乎其萃」，能作到今本咸卦彖傳所說的：

聖人感人心，而天下和平。

更重要的是他對整個宇宙運作的功能，能如今本乾文言所說的：

聖人作而萬物覩[25]。

所以聖人在宇宙間各種存在中的位級眞可說得上是「首出庶物」了。

在繼續陳述今本易傳下一個主題前，有必要先討論這套感應（resonance）論涉及的一些問題。首先我應該指出：這種感應觀先民恐怕早有端緒了，只是先民視導致感應的行爲多係外在具體可見的部份，尤其是些涉及巫術禮儀、禁忌方面的事，今本易傳則深溯到人內在難窺的動機意念。或許有人會認爲這是受了儒學的影響，甚至認爲這是今本易傳理論出自儒門的一徵。像公羊學強調「君親無將」，所謂誅心之論；中庸講「愼獨」，都是要求人從事道德實踐時要徹底純化內在意念，以防淪入作僞。但事實上今本易傳論德行不滯於外表具象這點可能別有所自，至少世說言語篇「佛圖澄與諸石遊」劉注引莊子：

海上之人好鷗者每旦之海上，從鷗遊，鷗之至者數百而不止。其父曰：「吾聞鷗鳥從汝游，汝取來吾翫之。」明日之海上，鷗舞而不下。

就談到人的機心足以在宇宙間產生感應。另外上述洪範及其它五行學派的作品都認爲人心情緒與自然現象間氣息相通，因而相互影響。所以但憑今本易傳論幾微這點並不必然意謂它的理論緣自儒門。

其次，上古實際主持報應的是鬼神，但今本易傳却抹去鬼神仲裁者的地位，而視這一切都是機械式的運作。宇宙律動有絕對的嚴格性，卽使天尚且不能背離，「況于鬼神乎」？所以一切吉凶實人自召，並非鬼神憑一己喜怒妄加。鬼神既非無限權威意志體㉖，人也無須佞於祭禱以求媚宇宙間另一種存在了。在這裡，上古因人顛倒意識折射出來的鬼神影像全消失了，幽明兩個世界同服於一套理則，所以鬼神的情狀也可推知，生死之說也非不可察。但我們不要誤以爲今本易傳否定鬼神的存在，它否定的只是那種擬人（anthropomorphic）情欲非理性的影像。事實唯有肯定鬼神的存在，才能進行筮占，因爲蓍草等只居靈媒的地位，或說充當巫覡通靈的助手㉗，眞正潛運算籌、預告人吉凶的非鬼神莫屬。而鬼神所以能預知，或許是因爲他們擺脫了形體的束縛，可以來回於不同的時空中，有較凡人爲廣的視野㉘。然而預知並非預定，定的還是人本身與那亙古不移的律則，這樣一來才似乎既保全了筮術故業的一些形式，又有轉化後能較爲縉紳之士接受的雅馴新酒。

所以說似乎，是因爲今本易傳中有一未曾解開，却很可以導致上述整套說辭瓦解的致命癥結，也就是我現在要談的感應論所涉及的第三項，也是最核心的問題。上文已指出人作爲一個自然存在，始終都在一聯串感與被感的交互作用中。惡聲至，殺機萌；甘旨來，食指動。人或許常常自認爲某些舉措未受外界影響，是主動的，但究極而論，很可能還是某些細微來感沈積醞孕下的反應，只是人不自覺罷了。就算人某些作用不是受外界刺激引發，但它仍是由構成人的八大元素內在的衍生力與彼此間的化生力推動的。什麼樣的組合形成什麼樣的人物存在，而什麼樣的人物存在必然有什麼樣的表現，在這層面上，人的一切是被決定的，實無意志自由可說，極爲可悲。他既沒有超越這一無垠無止的條件系列的能力，無法獨立自主，遑言扭轉乾坤？小戴記樂記篇曾描述人物間的感應關係：

夫物之感人無窮，而人之好惡無節，則是物至而人化物也。人化物也者，滅天理而窮人欲者也。

但既然萬有都是被決定爲如此如彼，我們有什麼理由說某一種作用、反作用或存在狀態是不當的，應予以改變？也就是說，如何從描述實況的語詞——人化物中推出價值斷定——滅天理？而且如果人的性質與由此性質呈現的行徑都已先天地受他的存在結構決定，透過筮占只能預知行爲結果，預知並不能改變行爲本身，因爲身不由己，更不可能改變行爲結果，一切選擇善處或努力均依理無從存在，那麼「無有遠近幽深，遂知來物」又有什麼實質的意義？我們甚至可以說人前往筮占求預知的活動本身也是被預定的。要想擺脫這困境，唯有設定人有一超拔出物意相感鏈鎖的能力。而就上述種種來看，今本易傳確實以如此的認定爲前提，但有關這個能力的實質內容是什麼？從何而來？人爲何須要，又如何發揮這個能力？這個能力與構成人存在狀態的八大元素間關係如何？今本易傳都沒交代㉘。因此若不用孟學式的心性論繫住，今本易傳所說的什麼知幾、太和等等都將成爲一堆偉大的空話。

最後我要指出：就今本易傳考慮人在宇宙間的地位與伴隨該地位而來的責任，要求人成己成物這部份而言，相當具有道德理想主義的精神，但其它很多道德式的勸誡都不宜於孤立對待，須放在周易思想及易學發展的脈絡中瞭解。當我們從這個角度去看那些具道德意義的言詞時，就知道它們都不外從行爲果效——安危、榮辱、禍福、利害上著眼，勸人謹身飭行。周易卦爻辭只說某種行爲模式會導致吉凶，並未給予理由，今本易傳，尤其是彖、象傳就在塡補這空白。塡補空白的素材本身——得中也好，不當位也好並無多少殊義，要緊的是它們背後的一項觀念，這可用今本乾文言的一句話來概括：

利者，義之和也。

也就是說：戰國時期的易學新秀在運用類化法時，將是與利、非與害分別劃歸在同一範疇內，認爲在「同聲相應，同氣相求……各從其類」的律動中，一椿義行的反應會附帶著利而來。針對今本易傳強調行爲果效這種論點可以有兩類三種理論性較深的解釋。一類是假設今本易傳乃是針對某種不義較能獲利的主張而發，至於它的本衷並非他律倫理式的。而這種假設又可細分爲兩種可能情況。一種是說：由於世俗認爲義行就本身而言對他們是種負擔，無法期盼他們視義本身爲可欲悅的，爲義而行義，只能期盼他們視行義爲一種工具，以行義所孳生的報酬爲目的。可是世俗却認爲要達到私利，行不義較行義的工具果效更大、更便捷。今本易傳作者乃俯就衆庶心態，希望經由強調、論證唯義乃利，誘導人行義，以維繫一個合乎道德的社會。但這種假設實難成立，隨便翻檢今本易傳，如屯象傳：

以貴下賤，大得民也。

師象傳：

能以衆正，可以王也。

履象傳：

君子以辨上下，定民志也。

明顯可見今本易傳非專從世俗立場著眼，無從視作爲衆庶說法的道德權教。那麼是否可能是爲了迎戰當時知識菁英階層中某種倡導行不義較上算的學派而發？但遍查今日現存戰國諸子的文字，沒有誰曾如是主張過。或許有人會提出法家，但這種指控殊屬不當。在法家的基本預設中，雖然否定人與人之間在自然狀態下可能存在任何善意的對待，認爲所有次生看似善意的對待本質上均在牟取私利，或者不過是在無力爲惡且能同時抗拒別人對己爲惡的無奈狀態下的妥協。如韓非子五蠹篇就說：

> 貴不欺之士者，亦無（不）可欺之術也。布衣相與交，無富厚以相利，無威勢以相懼也，故求不欺之士。

但這種基設並不蘊涵下面的推論：所以應該或同意人進行肆無忌憚的逐利活動，更不蘊涵如此逐利乃是最佳方式的推論。法家仍然要將衆庶的自私牟利衝動納緒一定管道，如父子別居、力田增產、勇於戰陣、糾舉姦邪等，而這些管道實無從率爾判爲不義。法家誠然否定其它諸子主張的規範，但這並不意謂它反規範，它只是要另立一套於統治者有利的規範，以取代它認爲對臣下五蠹有利的規範罷了。因此我們不能說法家在倡導行不義較上算。第二類可能提出的理論解釋是：今本易傳如是強調行爲果效乃基於一種宇宙觀。在這種宇宙觀裏，人類社會乃整個宇宙大社會的一部份，兩者存在著有機的關聯，因此整套宇宙律則也充份有效適用於人類社會。而這整套律則不僅是萬有存在、互動的原理，而且同時就是各種具體道德規範的原理，也就是說：這些律則具有 factual 和 normative 雙重性質。於是整個宇宙基本上是個定然合理的存在，所謂福善禍淫，人類社會也必然會是行義就蒙利。那麼在這個論題上儒學的態度呢？我們不妨從「學者所共術」的儒學基本觀念入手探究。儒學雖說在決定行止時嚴格要求人分辨行止動機是出於私利，還是出於義或公利，反對人就行止可能對個人的利害影響上考慮，所謂「正其誼不謀其利」，並認爲行義是人可以自主的，至於義行所欲達到的結果能否如願成就，就涉及經驗世界的條件配合問題，人難以左右掌握，所謂「明其道不計其功」，與今本易傳從行爲果效對個人影響上決定行止的模式大相逕庭。但我們若追問：不計成敗是個人的事，但事情終有成敗，而且會影響他人又是一回事，假設行義不但於人無所裨益，反將致人大不利，是否仍然一「義」孤行？儒學在這關頭就逼顯出它內部一個相當樂觀的假定，認爲這個問題根本不成立，因爲行義必然利人利物。甚至可以辯稱：雖然行義所獲致的利在世俗眼光中未必算是利，但這實在是眞利，世俗乃是誤以害爲利。儒家顯然認爲在一個正常的社會當中，義與利並行不悖。我們無法想像：儒家會將一切人際運作合乎義，而貧窮、凶險等仍舊彌漫的社會視作所追求的烏托邦。由於三代以下，社會運作處於一個不正常的狀態下，好比用人不以才德，而以和柔媚上爲準；司法審判不以公正法律爲據，而曲從個人好惡，才導致義與利成了歪斜線關係，個人行義固然未必免患、得利須經由反道德的管道，更重要的是一件義舉無從獲得外界正常的回應配合，成功的或然率遽降。但儒家顯然並不認爲這種運作就是應然狀況，所以才有改革社會的要求，而且顯然認爲世界目前的不合理乃是反常狀況，所以才會說出「撥亂世反諸正」這樣的話。要是行義無利乃世界本然狀況，一切改革努力勢將全部落空，純屬個人無謂的盡心。儒學這種潛存的樂觀假定最顯豁的表現莫過於中庸裡的一段話：

> 故大德必得其位，必得其祿，必得其名，必得其壽。故天之生物，必因其材而篤焉，故栽者培之，傾者覆之。詩曰：「嘉樂君子，憲憲令德。宜民宜人，受祿于天。保佑命之，自天申之。」故大德必受命。

那麼世界如何由合理墜入不合理，又如何回復到合理狀況呢？表面上看，先秦儒學和今本易傳都未嘗論及，但事實上雙方都默認「人」是合理與不合理相互轉換的樞紐，也就是說：天道存在是一回事，天道在經驗世界中實現又是一回事，至少在人類社會中天道的實現非機械定然的，有待於人有意識的努力，所謂「天工人其代之」，用今本易傳的話來說，就是如何繼道的問題。且不說如此一來將與前提矛盾——人類社會形成的本質既是被決定的，何以能獨外於宇宙規律的普遍嚴格性，有選擇發展的可能，人如何體天繼道就該成爲受這型宇宙觀影響下的思想最核心的問題。一條是走孟學心性論式的路子；一條是走五行學派時則月令式的路子。在這個關鍵點上，今本易傳的態度實在搖擺曖昧。後來兩漢易學選擇後者；宋明易學採取前者。但不論今本易傳作何種取向，下面接著將浮現一項重要問題：當秩序（道）大行後，是否人類過去生活經驗中無從解釋的變數，人力無從掌握的角落——命的領域就不復存在？以致最不受社會政治有無秩序影響，如大賢不能盡年這類缺憾就不再出現？還是只是缺憾降到最低點？理論上，今本易傳顯然不能再承認命的存在，宇宙所有活動現象在它的系統中都被化約在一套套律則中，因此才能進行占問——預知活動，並且宣稱預知的精準性，若宇宙間猶存遊移未定的成份，今本易傳苦心試圖維繫的易學權威卽將大打折扣了。至於儒學，我們都知道：當孔子創立它時，當中一項重大綱維就是義命分立，命在儒學中始終佔有相當地位，以至墨家與起，欲與儒學頡頏，提出的十大命題其中之一就是「非命」。誠然，人類思想儘可能有邏輯上的矛盾和思想上的衝突，而未必自覺到；這些彼此衝突的思想儘可能是排列在同一層面，而非有系統地置於不同層面，不過我們若將儒學各方面的特色、堅守的種種基本價值及後來的發展全盤計入，或許可以比較大胆地推斷：若將上述儒學這種內部緊張性明白剖現在孔、孟前，他們或許將優先考慮義利未必並行，命有獨立意義這種觀點。或許也正因儒學深處有這種因行義必得利的樂觀假定形成的內部緊張性，反使得後來今本易傳那套道德理論溶入儒學時，未產生什麼嚴重齟齬。

五、今本易傳觀象制器說成立的背景

六十四卦既被視爲是用符號所表示的宇宙間全部規律，周易就等於是一本超級物理教本。人熟讀易，善用這些規律就可以制器，「備物致用」，所以今本繫辭上說：

夫易何爲者也？夫易，開物成務，冒天下之道，如斯而已者也。

孔孟以來，人作爲一個道德存在，是已不再在天地間惶恐祈慕，等待外來的救贖。他已獲得了主體的地位，可作無限的延伸。但就人作爲一個自然的存在而言，他仍舊處在被動無奈的境地。荀子曾反對人一味消極地因順環境與潛存在該環境後的規律，主張人應發揮自己的智能駕御天地。人作爲一個自然存在，誠非超越體，不論他採取什麼因應措施，也不論他自覺與否，他總是處於，或說受制於某些規律，但處此不處彼，人卻並非毫無轉圜餘地。宇宙間任一規律固然都具嚴格普遍性，「不爲堯存，不爲桀亡」，但大體而言，各項規律都並無強迫人進入它勢力範圍的能耐，所以人雖然不能全然擺脫規律的限制，却能在各種規律中選擇善處。我們可以說：在荀子的觀念裡，宇宙規律是最好的僕役，最壞的主人。既想制用使化它，達到「天地官而萬物役」，首要條件是瞭解它，然後才能談到如何掌握運用。不錯，荀子天論篇是說過：

唯聖人爲不求知天。

看上去好似與前面的解析衝突，但他所謂的不求知天是說不追問這些規律從何而來，規律的運作向何而去，也就是說：荀子所反對的乃是作宇宙源起和目的論的探索，他認爲與其把工夫花在這種難有定論的玄思謬想上，勿寧只把這些規律視爲一既存客觀現實去面對，反較有益於人生。但荀子並沒有告訴我們如何去知天，畢竟他還是傳統儒者的精神，關切的是成德以及由此涵蓋的政治社會問題，所以荀子儒效篇說：

道者，非天之道，非地之道，人之所以道也，君子之所道也。

知天、制天不過是在這主脈中衍生出來的副題。從荀學的全幅著眼，制天、裁天其實不過是制性、裁性的另一種表示法，因為在荀子的語彙裡，性、天同是種「不事而自然」的存在，不具價值，有待後天人偽的積注轉化，所以都是被治的對象。知禮義才是一個君子的切要課題㉚。至於宇宙規律，既不須要費心去探究如何能知，因為這是專業，荀子在解蔽篇勸人應選擇「兼物物」的道，而非「物物」的藝作為精壹的對象，藝當交給「官人」㉛去負責；專業成果，君子也只須有概括性的常識瞭解即可。就在這當口，今本易傳的某些作者宣稱周易的內容「廣大悉備」，除了人道外，還有天道、地道，他們知道如何「彌綸天地之道」，這種當仁不讓的態度似乎眞讓人以為他們肩負了往聖先師在自然研究方面未克盡的使命。而且他們除了回答宇宙是什麼的問題外，還在荀子絕心不加慮的另一地方——為什麼上多慮了一點。今本繫辭上宣稱整個宇宙運作歷程是番「大業」，大業自然有個趨向㉜。今本乾文言說：

夫大人者，與天地合其德。

大人的德在於利萬有，使萬有趨於太和，那麼天地的德也當如是。今本繫辭上固然曾說道「鼓萬物而不與聖人同憂」，似乎道是「無造作、無計度」的，但這句話眞正的意思恐怕是要表示天道無親，非獨鍾愛人這類存在；「照之以天」，人與其它萬有同是被造物，這番盛德大業乃是爲各物類設計而存在。我懷疑今本易傳這種宣稱除了理論系統內部的推衍，當還有外緣刺激，就是來自相近行業間的競爭。

我們知道：在上古「司天」，或說「傳天數者」，也就是荀子天論篇中的「官人」這個厖雜圈子裡，占星術（後世稱爲曆數家的）是一要角。它除了與筮卜同具預言吉凶的功能，更要緊的任務是觀察氣候變化，製訂曆法以指導農牧。誠然，憑藉筮卜也可以問得有關氣象的指示，甲骨卜辭無論，周禮春官占人就說：

以八卦占筮之八故。

八故大概與太卜職掌的八命相去不遠，八命中「二曰象」、「七曰雨」。但這得每次問，比起占星者將時節徵候系統地排列出來，後者便利、實用得多了，更重要的是，準確性高。儘管春秋中葉以前中國星象家還不知道冬至日躔的潛移，所謂歲差；也不知道歲星超辰的現象；日食的推算，照公羊隱公三年傳所說，常常「或失之前，或失之後」；更常失閏，但比較而言，中國上古的星象曆法是相當進步的，至少它是依據長期觀測與算學，所謂「深觀」與「質測」，並以實況不斷修正得來的㉝。章學誠在文史通義易教篇上說易與制憲授時同道，恐怕是太膨脹了易的功能，以牽合他六經皆先王政典、古人不離器言道的論點。當中國上古文明經歷哲學的突破中，占星這行業出了一位不世雄桀——鄒衍，不但在理論上，可能也在技術上革新了這門古老數術，建立起五行學派，帶給筮術的壓力更大了。王夢鷗「鄒衍遺說考」第二章曾指出，據太平御覽八四二所引劉向別錄的記載：

傳言鄒衍在燕，有谷地美而寒，不生五穀，鄒子居之，吹律而溫至，生黍到今，名黍谷焉。

剝去這段故事中神話的色彩，大概是說鄒衍憑藉革新後的候氣和算術知識，調整了燕國的農曆，使農作能與當地氣候變化配合，因而燕國生產大增。這就使得燕國在群雄角逐中經濟條件轉優、國勢變強。千載後劉勰在文心雕龍諸子篇所說的「騶子養政於天文」雖可能別有指，却未始不可從這角度去理解。這一來愈發提高占星術在一般人心目中的份量，相形之下，筮術也就愈發遜色。管子五行篇中有段話就透露了當時占星家在大同行間睥睨群僚的風發意氣：

通乎陽氣，所以事天也，經緯日月，用之於民；通乎陰氣，所以事地也，經緯星曆，以視其離。通若道，然後有行，然則神筮不靈、神龜不卜。

戰國的筮術家要想與這些被後世稱作五行家的相頡頏，只有自神其技。除了聲言卦爻同樣是古神人深觀質測天地間萬象歸納得來的，代表的是宇宙萬象背後一切的律則，還拉來當時學界所共述的一些聖皇明帝作護法，說民生日用的很多器物制度都是這些聖皇明帝在觀玩易象後、悟出原理而制作出來的，以致形成上古的黃金時代㉞，而且流澤迄今，只是你們「百姓日用而不知」罷了。當時人苦於戰禍連年，莫不延頸太平盛世重開，執政者也每因「饑饉疾疫焦苦」，如今易術家暗示：要想由窮變通，再啓太平，當中一條途徑就是得效法上古那些聖皇明帝研易玩象，我們可以想像這會對一般人造成多大的誘惑力！當然實效如何，不勞辭費，但至少表面上易術家也有一套與民生日用切附又整齊可觀的學術，多少可以平衡大同行占星家的氣燄。

到西漢，六十四卦配上二十四節氣、三百六十五又四分之一日、七十二徵候，形成卦氣說，易術家也有了整套指導農作的整齊表目；另一支以乾坤兩卦的十二爻配上十二辰、十二次的星象，形成爻辰說，易術家也講起了星相學，這眞不知該從何說起，是入室操戈呢？還是大國夷爲附庸呢㉟？總之，「同歸而殊塗，一致而百慮」這句話在知天數這行業的流變上是印驗了。

六、今本易傳與儒學長期糾結中的意義與反省

今本易傳的思想與先秦儒學殆屬兩個系統，兩千年來竟罕有人察覺到。作「易童子問」的歐陽修算是具有深心巨眼的學者了，但他只是說今本易傳的某些部份不是孔子作的，仍認爲是「諸儒之作」，雖然未能醇乎其醇，但「老師名家之世學，長者先生之餘論雜於其間者在焉」。此說以後雖代有人申，還是到了近代在疑古辨僞派的狂飆摧擊下，今本易傳非孔子所作才算徹底定案，獲得學界公認。但他們的意見仍不脫歐陽修旣設的範疇，他們只是說今本易傳是糅有道家、陰陽家思想的儒生作品，與守舊派意見的差距只在今本易傳與先秦儒學關係到什麼程度，至於有血緣關係這點，却是千古共識㊱。本文雖然花大篇幅力辨今本易傳不只不是大醇小疵的儒學作品，而且根本與儒學無涉，但平心而論，這種在著作權、家派歸屬層次上的分疏猶未批入問題肯綮，或許眞正値得我們思考的是：這種長期糾結，除了儒家名義在運用上不夠謹嚴等因素外，是否多少顯示了某種意識危機。

就今日論、孟中所呈現的儒學而論，儒家有必要討論而未討論的問題甚夥，縱使我們說今本易傳的作者乃是企圖對當中某些問題提出回應的孔孟後學，我們也只是替今本易傳作者爭得一個儒者的空銜㊲，與它實際內容深淺、理論效力高低全不相干，今本易傳絲毫不能因此顯其尊。從另一方面說，天下高明的概念固然不可能盡出自儒門，儒門也不待網羅盡天下英才入內才顯其大。一個人如對儒學有眞瞭解，因而產生眞欣賞、眞信心，並對眞理的無垠多相性、人類對眞理認知的侷限性有眞認識，就不會因爲儒家經典不是萬用百科全書而慌亂，產生不必要的心虛。

近人熊十力撰「原儒」，一方面歷詆孔子以後各家「不該不徧」；一方面除了又將今本易傳精華部份的著作權判歸孔子，連春秋、周官、社會主義、民主思想、辯證法等也一起奉上。他的用心如果是藉保孔子以保儒，緣保儒以保中國文化命脈，末學如我實在既疑且懼：熊氏這種作法究竟是眞有助於中國文化重開生面，還是適足以害之。因爲要想解決問題首先有待面對問題、認識問題，將問題遮蓋或轉移只將使問題愈滋嚴重，回應無期。熊氏將各種觀念任意肢解拼搭，把孔子打扮得珠翠滿頭，無奇不有，結果孔子變得像初民宗教中崇奉的偶像造形：戴勝、負翼、爪足、虎齒、豹尾，山海經、靈異誌中的神怪到廿世紀居然以另一種形貌再現！這眞不知原的是什麼儒。Feuerbach 論人類在宗教上表現的自我疏離時，是以人將自我內在資質掏空，而歸諸擬構成一個與人異質的全知全能神明㊳爲定義。受中國儒學影響的思想家雖然早已將對越的天收歸自我，形成既超越又內在的心體性體觀，認爲人人都可憑藉這份道德資質超凡入聖，無須外羨外求。我盡性後與千聖同堂，所見一揆，彼此只有先覺與後覺的差異，別無庶凡匍伏於獨聖下載頌載懼的流蔽。但這種看法實止於理論層面，尤其依熊氏的觀點來推，中國歷史上只有一人曾優入聖域，所以雖在理論上孔子與我同類，實際上孔子是絕類拔萃。孔子在熊氏的裝扮下雖不到兩漢緯書中神的地位，但他實在是成肉身的道（神），依然陷入自我疏離的泥沼中。熊氏等固然時時高呼要在自我生命上挺立起來，他們自己意識深處却是一片虛歉荒涼。

鴉片戰爭後，西方文明壓境，中國本土知識份子在找安慰或說補償心理的驅使下，宣稱很多新觀念本汶陽故田，於是隨著一波波叩門的西潮，一樣樣帕來品商標往自家臉上貼，康有爲就是第一代新孔子造像業中的翹楚。錢穆「中國近三百年學術史」第十四章末曾一針見血指出：

康氏之尊孔，並不以孔子之眞相，乃自以所震驚於西俗者尊之，特曰西俗之所有，孔子亦有之而已，是長素尊孔特其貌，其裡則亦如彼不忍諸論所譏之無恥媚外而已耳。

熊氏雖不慊康氏㊳，但却踏著同一步調、沒有文化生機的步調，只能在他們自編的大同乾坤中昂首高蹈。

熊氏弟子如唐君毅、牟宗三等雖然不再如此橫肆無忌，胡亂替孔子爭著作權，但却將今本易傳轉入戰國末葉不知名的鴻儒大雅帳戶內，說大部份今本易傳的思想代表儒學的圓教，而且這些意思已在孔子默識中，只是明而未融、蘊而待發㊵，這眞是明黜幽陟。進一步推衍，現代意義的民主、科學雖非中國土產，但它們的種子已孕育在儒學中，經過某種「坎陷」或轉化即可「開出」。他們並不瞭解：大自一個民族文化、小至一個學派思想，多是一個混合體，而非一個化合體，每個混合體中包含了不同的成份與不同的發展傾向，彼此間常存在著難以相融的緊張與衝突，不是可用一元論式來收攝的。五四新文化運動所以會進行全盤反傳統，就在於它將整個中國文化視爲一個整合的有機體，它的根源特性——以儒家思想意識爲主導——表現在文化各層面、各部份，所以不是枝節，特定部位的修訂足以濟事的，必須全部揚棄㊶。今天這些所謂新傳統主義者一生以扭轉五四新文化運動帶來的偏差爲職志之一，却不覺悟：他們本身這套思考方式正是五四健將、也是最待扭轉的思考方式。

今本易傳乃是中國上古文明在哲學的突破後出現的一支思想，它與陰陽五行家倒眞是同源異派，與儒、道、墨各家則是分流並峙。它們彼此影響、雜糅，正顯示儒家有待反省的地方，要想獨大惟賴創造性的轉化，斷非攀覊混同能臻日新長久的。就算我們承認今本易傳的思想有很多可與先秦儒學相通的地方，甚至說今本易傳經過宋儒的努力改造後已與儒學相溶，但這並不保證中國文化的心性學部份已充實圓滿，只待將這主體精神客觀化，就能開出別人歷經幾世紀的錯綜演變、百死千難才獲致的民主、科學成果。而將心性學不振與客觀化的延宕歸咎於清代二百多年的考據學，更是瞽說遁辭，徒見對清代學術的無知，與對儒學缺乏眞反省力。縱使退一萬步說，中國的心性學已充實飽滿，今日心性學內涵的諸傳統價值受到外來新價值觀的挑戰，我們從何肯定雙方能交溶？這是不能建立在信念上的，必須在嚴格深入的分析後才能下斷語。可欲的與可企及的若被混淆，固然可有虛妄的安身立命感，却於實際人生無補。假設有朝我們發現價值系統本是多元的，而諸價值系統間存在著不可調適性，人們必須作一痛苦抉擇，甚或無從選擇，以致心靈陷入長期焦灼兩難中㊷，有人率先指出，並承認這點，面對這無奈仍盡心莊嚴地活下去，而不流於虛無、嘲諷、玩世不恭，才是一位儒門大師應有的風範。

民主乃是手段，而非目的㊸；這種制度不過是人類歷史經驗中比較而言最不壞的一種㊹；在它的演進過程中曾有極不符自由傳統的思想提供過重要資源㊺；而它在理論層面一重要前提乃是對人性幽闇面的洞鑒，非聖賢人格的信賴㊻。科學不能等同科技㊼；科學的發展必須依據正確、尖銳、有效的想像力，這就不能脫離「典範」（paradigm）與傳統㊽；而在科學的發展中曾有極不理性的神秘主義因子作為引發力。不論民主或科學都非理性設計架構得出的，更非一元式的演變結果，所謂新傳統主義者那些一廂情願的坎陷論恐怕才是要想移植民主、科學進入中國時首先須坎陷掉的渾沌意識。

將今本易傳思想提煉，與孔孟儒學綰合在一起，並非始自近代，實際這是接續北宋大儒以來的傳統。當他們進行綰合時，並非一點也沒察覺到個中距離，否則今本繫辭上平平順順的一句話：

一陰一陽之謂道。

替易重作易傳的程頤就不會如二程遺書卷三二先生語三謝顯道所載，硬改成：

道非陰陽，所以一陰一陽，道也㊾。

下面的問題是：宋儒爲何要進行綰合呢？我目前只就與本文相關的部份提出兩點。北宋學者欲復興儒學，最大的論敵來自佛門。佛學中有關心性方面的解說，儒學自有對應，只待開發。但有關現象界的論述，中土傳統中除了由今本易傳定調、經漢人踵事的那套宇宙論，宋人實在別無其它資源可見汲引，以相頡頏。依佛家的說法，一切現象事物均爲因緣合和而成，也就是說均爲條件系列下的產物，在這點上，儒家未必反對，事實也很難反對。問題是佛家進一步主張：這一切現象事物既無自性，也無他性，也就是說，構成現象事物的因緣本身也有賴其它因緣合和方立，窮究到底，一切法都是識變，若自我不爲無明所蔽，識變不生，偏計所執不起，山河大地均歸空寂，所以這一切現象事物基本上是虛妄的，無意義可說。這種論點儒家無從首肯，不只是傳統經驗心態的問題，更重要的是涉及意義有無的問題，也就是說，儒者很難將世界、生命本身——不論取自然義或人文義，雖然由此衍生的理論會大異其趣——視爲一個荒謬。故當北宋儒學再生，中庸裡「誠」的觀念，今本易傳經改造後的「天地之大德」、乾元坤元等觀念首先被提出，不只在於希望重建客體的實有性，更在肯定宇宙生命內涵的意義性。

其次，既然「照之以天」，就不能不將人置於各種存在的網絡中討論。我們知道：孔、孟、荀三子強調的責任落在人與人之間這個範疇，既不對超自然或人以外的別種存有或存在——好比鬼神負責，也不見對自然及其間的萬物負責的主張⑩，雖然這並不表示他們在實際生活中對其它生物沒有溫情表示，孟子梁惠王上篇就說：

君子之於禽獸也，見其生，不忍見其死；聞其聲，不忍食其肉，是以君子遠庖廚也。

小戴記檀弓篇下也曾記載：

仲尼之畜狗死，使子貢埋之，曰：「吾聞之也：『敝帷不棄，爲埋馬也；敝蓋不棄，爲埋狗也。』丘也貧，無蓋，於其封也，亦予之席，毋使其首陷焉。」⑪

今本易傳却在人與萬物的關係這空白點提出補充。與它著成時代相近的中庸也認爲君子盡人之性後還須盡物之性，盡性的終極目標在於使「天地位焉，萬物育焉」，「萬物並育而不相害」，也就是今本乾彖傳所說的「太和」境界。撇開盡性成物時會涉及到的各種物性相衝突這點困難，這種論點不但不悖於儒學本來方向，而且是應獲致的推論，不講到這地步，儒學的心性論反而會出問題。我們可以用孟學來說明。孟子曾指出：個人作爲一個生命體，若與其它同類屬生命體間的互動關係純以利作基準，交征利的結果是同趨毀滅，君父固然不免被弒，臣子於弒君父後也轉爲被消滅的對象，當然更可能在弒行未遂前已被消滅。同理，當人這類生命體與其它異類生命體相處唯見利用的態度，固然可能由於人類智能較優越，使其它異類生命體反征利於人的機會銳減，但當萬物凋傷，人類本身也無法獨存。證諸今日環境汚染，自然生態破壞的情況，不勞辭費。但我們不能說爲了人類長遠生存計，而與萬物和平共存，所謂利物所以利人，這仍不脫功利論的範疇，與前述情況特五十步與百步耳。也因此，孟子梁惠王篇上所說的「斧斤以時入山林」、「數罟不入汙池」等話，不能作爲孟學已企及今本易傳、中庸所有的天地氣象，因爲孟子那些主張結穴處還是在「材木不可勝用」、「魚鼈不可勝食」上。但孟學的另一面却無形保障向天地氣象境界的發展，那就是仁的基本屬性。依孟學的觀點，道德實踐的基礎在於以仁爲本質的性體，這性體是不能有侷限性的，必須不斷地推及，使所有外在客體都化爲主體的一部份，達到主客混合爲一的地步。一旦受特殊相所拘，形成主客物我相對，立卽翻爲不仁，所謂間則不德。孟子離婁篇下將性體比喻爲有本的活水，「

原泉混混，不舍晝夜」，流到何處就潤澤到何處。如果被範圍住，將成死水，道德生命的活力將趨萎頓。所以不止有共通血緣特徵的生命體（家人、族人）、有共通文化特徵的生命體（國人、天下人）當爲仁心所覆，凡生命、存在都不得在仁外，仁有內外，則是仁有對，有對就非一，非一就是仁的異化疏離㊿。北宋儒學再生正是接續這層體認，試觀張子全書卷二下正蒙大心篇第七所說的：

大其心，則能體天下之物，物有未體，則心爲有外。世人之心止於聞見之狹，聖人盡性，不以見聞牿其心，其視天下，無一物非我，孟子謂盡心則知性、知天，以此。天大無外，故有外之心不足以合天心。

以及二程遺書卷二上明道語：

醫書言手足痿痺爲不仁，此言最善名狀。仁者以天地萬物爲一體，莫非己也。認得爲己，何所不至？若不有諸己，自不與己相干。如手足不仁，氣已不貫，皆不屬己。

因此才有民胞物與、窗前草不除的卓言懿行。

宋儒將今本易傳思想與先秦儒學綰合在一起，固然在某種圍範內發揮了「稠適而上遂」的功能，但也形成了他們建立的系統內許多理論解釋上的困難，今人勞思光在「中國哲學史」第三卷第二章有長幅而簡要的陳述，並試圖就孔孟儒學中主體心一義回答宋儒想透過今本易傳等思想來回答的問題。學界都公認整個宋明學運動在於一個指標——回歸孔孟並發揚孔孟，但就算成功地回歸發揚了孔孟又如何呢？困擾了宋儒以及千古中外多少敏感心靈那麼久的宇宙人生問題眞就在孔孟學一心昇沈、理氣兩向式的解析中迎刃而解了？還是宋儒那些理論上的罅隙無心約微透露了宇宙人生的眞象，大可作爲未來探索眞理新徑及對孔孟儒學進行創造性轉化的起點？那麼，批判者本身意識觀念是否有待批判恐怕是這次「再審」結案後可續審的。

【附　註】

① 說「今本易傳」，意謂還有別本易傳。按：從湖南長沙馬王堆漢墓的發掘，知帛書繫辭與今本繫辭頗有出入，並且另有五篇前所未見的佚易傳附於帛書周易後，其中三篇有篇題，分別爲要、繆和、昭力，共

九千六百來字。見于豪亮「帛書周易」，載於一九八四年三月份文物。說「今本易傳與先秦儒學關係」，意謂今本易傳著成時代在先秦。彖、象二傳爲戰國時期作品，學者多無異辭，至於其它幾篇的著成時時代，說頗紛紜（可參下文註⑩所引諸文），多以雜卦最爲晚出，故作者針對這點已另撰「雜卦辨」一文，以見雜卦尚可能爲先秦作品，遑論其餘？

② 論語子路篇記載孔子曾引過一次易。孟子書中完全沒有引或言及易。至於荀子，共有三次引易，一次在非相篇，兩次在大略篇，而近代學者又懷疑大略篇是荀學後人所撰。有關現存周秦書籍引易的情況，可參看楊樹達「周易古義」及高亨「周易大傳今注」附錄一「先秦諸子之周易說」。

③ 一九七三年十二月長沙馬王堆第三號漢墓出土小篆本（甲本）帛書老子，正文後附有四篇佚書，其中之一五行篇乃是戰國末葉思孟後學的作品，深染當時引故籍斷章取義的文風，却不見引易。同年河北定縣四十號漢墓出土一大批簡書，中有一本儒家者言，共二十七章，據考訂，當是戰國末葉儒生所撰類似說苑的滙編。簡文雖然殘脫嚴重，但因內容絕大部份轉錄於說苑、新序、韓詩外傳等書，相勘補下，仍可屬讀，也不見它引易。由此愈見這種假設巧合性過鉅。有關五行篇，可參看「馬王堆漢墓帛書（壹）」，及龐朴所撰「馬王堆帛書解開了思孟五行說之謎」，載於一九七七年十月份文物。有關儒家者言，可參看「『儒家者言』釋文」及何直剛所撰「儒家者言略說」，均載於一九八一年八月份文物。

④ 孟子公孫丑篇下說：「天時不如地利。」趙岐注：「天時謂時日、支干、五行王相、孤虛之屬也。」朱熹無異辭。按：趙說是。尉繚子天官篇：「所謂天官，時日、陰陽向背也……天官時日不若人事也……楚將公子心與齊人戰，時有彗星出，柄在齊；柄所在勝，不可擊。公子心曰：『彗星何知？以彗鬪者固倒而勝焉。』明日與齊戰，大破之。」戰威篇：「故曰：舉賢任能，不時日而事利；明法審令，不卜筮而事吉；貴功養勞，不禱祠而得福，又曰：天時不如地利，地利不如人和，聖人所貴，人事而已。」武議篇：「今世將考孤虛、占城池、合龜兆、視吉凶、觀星辰風雲之變，欲以成勝立功，臣以爲難」下面重述上引戰威篇該段文字。尉繚活動年代與孟子相先後，孟子所言乃是當時兵家格言，趙岐當正是依尉繚子文注孟。

⑤ 俞樾「諸子平議」卷十九莊子三：「尚書微子篇『殷其勿或亂正四方』、多士篇『時予乃或言』，枚傳並曰：『或，有也。』禮記祭義篇『庶或饗之』、孟子公孫丑篇『夫既或治之』，鄭、趙注並曰：『或，有也。』此（則陽篇）云『季眞之莫爲；接子之或使』，或與莫爲對文，莫，無也；或，有也。周易益上九『莫益之，或擊之』，亦以莫、或相對。」按：俞說甚是，商頌玄鳥「奄有九有」，文選冊魏公九錫文善注引韓詩作「九域」，豫上六「冥豫，成有渝」、隨初九「官有渝」，帛書周易「有」均作「或」，兩字同是喻三之部字，全然可相假借。尤其恆九三這句爻辭的句法正是「莫、或相對」式。總之

，「或」在此處乃是肯定語詞，不涵疑似未定義。

⑥ 論語公冶長篇：「子貢曰：『夫子之文章可得而聞也，夫子之言性與天道，不可得而聞也。』」自宋儒以孟學中人的道德本心詁性，道德形上學的意義訓天道，後人每以不得接聞孔子微言爲憾，甚至曲爲之解，殊謬。性乃指生之謂性的食、色等欲求，天道乃指吉凶，均爲孔子當時通義，漢人尚明梗概，故後漢書卷二八上桓譚傳章懷注引鄭玄論語注說：「性謂人受血氣以生，有賢愚吉凶；天道，七政變動之占也。」詳見錢大昕「十駕齋養新錄」卷三，劉寶楠「論語正義」。是孔子不言正是孔子卓絕處。又，史記卷七四孟荀列傳說：「荀卿嫉濁世之政，亡國亂君相屬，不遂大道，而營於巫祝，信禨祥。」

⑦ 如錢穆在「論十翼非孔子作」中說：「自從秦人燒書後，一輩儒生無書可講，只好把一切思想學問牽涉到易經裡去講，這是漢代初年易學驟盛的一個原因。」李鏡池在「易傳探源」下第一節也說：「秦皇不是行愚民政策、焚書坑儒嗎？只有周易以卜筮之書沒有殃及，儒家既把它尊爲『經典』，所以在這獨存而不禁的書上做功夫，把儒家思想附存上去。」錢文原載於一九二九年六月出版的國立中山大學語言歷史學研究所週刊第七集第八三、八四合期，李文原載於一九三〇年十一月出版的燕京大學史學年報第二期，後均收入古史辨卷三。

⑧ 細讀史記，司馬遷並沒有這樣表示過。卷六始皇紀三十四年所載李斯奏文只說：「所不去者，醫葯、卜

筮、種樹之書。」司馬遷並未加按語：易爲卜筮之書，或易不去。卷一百二十一儒林列傳論及易時，也對秦火一事毫未涉及，直敍傳易師承。

⑨ 有關王制篇著成時代的考訂，請參閱王夢鷗「禮記王制篇校記」，載於一九六五年四月出版的孔孟學報第九期，後收於氏著「禮記校證」，及陳瑞庚「王制著成之時代及其制度與周禮之異同」上編，收於嘉新水泥公司文化基金會叢書研究論文中，編號二〇三。

⑩ 如戴君仁「談易」第三、第五章；李鏡池「周易探源」中「易傳」思想的歷史發展」一文；屈萬里「古籍導讀」下編第三章；張立文「周易思想研究」下篇第八章。

⑪ 呼林貴「秦尚水德說質疑」據部份傳述史料及近年考古所得，以爲秦不尚水德，也不尚六。一段時間後，林劍鳴撰「秦尚水德无可置疑」，提出有力反駁。按：秦尚何德可從漢初人士論漢德的擬議看出。綜觀史記卷二六曆書、卷二八封禪書、卷八四屈賈傳、卷九六張丞相傳，知道秦自以爲承水德不是爭執點，而是爭秦的「自以爲」是否就代表它「眞」居水德。明習律曆、欲繼續法家政策的張蒼等持否定意見，以爲漢才是繼周而起的新聖；欲革秦俗的賈誼持肯定意見，所以要改民視聽，以明受命。秦若不居水德，這場爭議就成了無的放矢。秦自居水德既非妄，秦就必尚六，因爲這種搭配乃出自鄒衍傳下來的整套設計，並非那個學者或帝王臨時臆構出來的，問題只在於尚六這種理論設計落實到什麼程度。漢武豈

沒有明堂設計？但一生行事可曾眞循時令規章？數尙五明見於帝詔，難道此後天子大路眞的都只御五馬？事實也正因這套設計未嘗全盤落實，才給予在下位的有心人——不論動機如何——向君上開口的把柄：治未依所宜。所以虛文固虛，弄虛文的人依舊可在這上邊自說自話，以冀萬一。呼文載於一九八三年第二期考古與文物；林文載於一九八五年第二期考古與文物。

⑫ 可參看兪琰「周易集說」卷三一「河出圖」節，胡渭「易圖明辨」卷一「論古河圖之器」節、劉寶楠「論語正義」子罕篇疏、王國維「觀堂集林」卷一「陳寶說」。有關河圖雒書神話的形成，楊希枚在「論今文太誓、尙書大傳太誓及史記的白魚赤烏神話」一文第五章第二節中提出一創闢性的假說：「這樣故事反映出河洛之地曾是出現某種古代文獻的一個神聖地區……實際上，這裡也正是殷周民族文化的發祥地。因此，我們可以設想，戰國或秦漢之際，河洛之區正如近世安陽殷墟考古發掘以前一樣，也曾偶然出現『背甲刻書』的龜甲文書或圖錄，甚至載有帝王系譜，或如殷文卜辭一樣地以朱文書寫。當時人以不識其文，不知其爲前代文物，因視爲神聖而藏於王室，從而演變爲後來的河圖洛書神話……緯書故事或云周公『以時文寫』天賜的龜書，也顯證那種龜書應是異於時文的古文字。實際上，據禮記（禮運篇）所載，河圖與『山出器車』並言，其情形與今安陽殷墟的出土龜甲卜辭及銅鼎車器也正相同。淮南說山訓也云：『大蔡神龜，出於溝壑。』說不定，類似今所知的殷代大龜卜辭之類的龜書在漢前已經出現

，當時人或已知爲古文書，但由於宗教和政治因素，而故神其說。」按：甲骨卜術起源甚早，而中國文字至殷商已進入成熟階段，楊氏所設想的情形未必要晚至戰國以降，周康王所陳河圖未始不可能即屬這類太古出土物。未久楊柳橋在「河圖與洛書是兩種出土文物」一文中也有極近似論斷，認爲這是西周時期兩種不同的出土文物，河圖是「刻有龍、馬等圖形的原始石畫或石刻」；洛書是「刻有古代文字的龜甲片」。楊（希枚）文載於一九七六年四月中央研究院出版的「總統　蔣公逝世周年紀念論文集」。楊（柳橋）文載於一九八二年九月份出版的文史第十五輯。

⑬ 管子的幼官篇乃玄宮篇所譌，或讀作幽宮，見張佩綸「管子學」及郭沫若、聞一多、許維遹合撰的「管子集校」。這篇作意當是戰國中葉鄒衍爲酬恩主「北帝」燕昭王而撰設的，詳參王夢鷗「陰陽五行家與星曆及占筮」一文第五及第八節，載於一九七一年九月出版的史語所集刊第四三本第三份。錄圖書就是綠圖書，也就是河圖，因方士說河圖是綠文篆書。詳參陳槃「古讖緯書錄解題㈠」，載於一九四八年出版的史記所集刊第十本。

⑭ 詳參黃盛璋「雲夢秦簡『編年紀』初步研究」第四章第四節，載於一九七七年第一期考古學報。

⑮ 莊子天道篇：「以此爲上，帝王天子之德也；以此處下，玄聖素王之道也。」成玄英疏：「夫有其道而無其爵者，所謂玄聖素王自貴者也，即老君、尼父是也。」按：成氏似囿於這詞彙出自道家，故以老、

孔分配玄聖、素王，恐非是。察句法，玄聖素王與帝王天子相對，帝王卽天子，玄聖當卽素王。文選卷四八班固典引：「故先命玄聖，使綴學立制。」李善注以爲指孔子，並引春秋演孔圖：「玄丘制命帝卯行」爲證；後漢書卷四十下班固傳章懷注也引演孔圖：「孔子母徵在夢感黑帝而生，故曰玄聖」爲釋。或以爲這乃是漢以來的用法，考商頌長發：「玄王桓撥，受小國是達。」毛傳：「玄王，契也。」小戴記祭法篇：「殷禘嚳而郊冥，祖契而宗湯。」「冥勤其官而水死」，而左傳昭公二十九年說：「故有五行之官……水正曰玄冥。」同時，史記卷三殷本紀載：「伊尹，處士……從湯言素王及九主之事。」所根據的當是戰國時人所作的伊尹書，觀今馬王堆出土小篆本帛書老子後所附的九主篇可知。既假托伊尹立言，伊尹先於孔子乃常識，而且學黃老者「絀儒學」，也無由稱道對手的宗師，那麼書中所稱道的素王應非孔子，而是殷先哲王。由此可知：殷先公先王慣以玄爲號，而孔子爲殷後，稱玄聖不必非先秦語。素王既猶玄聖，玄聖猶玄王，是素未必如漢人所訓爲空。

⑯ 錢穆「兩漢博士家法考」第三節以爲「所坑盡術士，殊非其眞」，「坑儒重亦不在坑儒，而別有在」，「其意在使天下懲之，不敢爲訞言誹上，而一時未能盡懲，後乃並發謫徙邊，所謫亦皆訞言誹上之諸生也」。按：首先我們要問：什麼是訞言？這是指假借宗教、巫術上的理論或現世怪異事物對朝代政權或帝位更替所作的預言，並非凡是諫君過或持異議的言論都扣得上這頂帽子。它和「禽獸行」一樣，都是

有特定指謂的罪名。觀漢書卷七五眭兩夏侯京翼李傳就了然了。其次，由於當時有這類訞言，秦始皇才「益發謫徙邊」，說「益」，可見曾有過。三十二、三年間，盧生自海上歸來奏圖書，說「亡秦者胡也」，始皇「乃使」人南北戍擊。兩下對照，知道這次訞言當是「明年祖龍死」一類話頭。秦始皇寵用這班人本爲「興太平」，孰料竟興亂，難怪他的怒斥中一片遭忘恩負義的辭氣。秦坑裡究竟是何許人，意「別有在」在那兒，當就史記的絕妙好辭細勘。錢文原載於一九四三年一月出版的中央大學文史哲季刊第一期，後收於氏著「兩漢經學今古文平議」。

⑰ 載於一九八四年十二月出版的清華學報新十六卷。

⑱ 參閱 Talcott Parsons ‘“The Intellectual”: a Social Role Category’，收於 Philip Rieff 所編「On Intellectuals; Theoretical Studies, Case Studies」，及余英時「古代知識階層的興起與發展」，收於氏著「中國知識階層史論（古代篇）」。

⑲ 今本說卦作「水火不相射」，據于豪亮「帛書周易」所引帛書繫辭，知「不」爲衍文。于文出處見註①。

⑳ 今本易傳除了對宇宙規律的組成有具體描述——六十四卦，至於其它的存在，好比君、父依理都當是以乾這個元素爲主要成份，父若爲臣民，又當有坤的成份，而無論君、父，均爲人子，又當有震或坎或艮

的成份在內，乾元素的多寡量到什麼程度，與其它元素的成份比例是多少，今本易傳絲毫沒有提及，因爲它本非講宇宙論的。今本易傳所以論及「是什麼」，乃是爲了證明周易作爲「宜如何」指示法典的有效性罷了。我們若誤置了重點，不但將使附庸蔚爲大國，而且會因覺得國不國，而使今本易傳蒙受不直的貶抑。

㉑ 釋文引京房說：「彌，徧；綸，知也。」經義述聞三舉古書證明綸借作論，而論訓知。按：馬王堆出土隸書本（乙本）帛書老子卷前所附佚書稱篇說：「知天之所始，察地之理，聖人麋論天地之紀。」正作論。紀猶理、猶道，今本老子第十四章：「以知古始，是謂道己。」河上公本作道紀，道紀乃同義複詞。

㉒ 大戴記保傅篇：「易曰：『正其本，萬物理，失之毫釐，差之千里，故君子愼始也。』」禮察篇及小戴記經解篇則作「易曰：『君子愼始，差若毫釐，繆以千里。』」所謂易當是未輯入今本易傳的篇章。

㉓ 釋文說：「王肅、干、韓云：『纖介也。』」集解引虞翻說法同。高亨「周易大傳今注」則以爲當讀作忦，說文卷十下：「忦，忽也。」而「忽，忘也。」義均可通。

㉔ 公羊傳昭公三十一年冬「黑弓以濫來奔」何休注引易曰：「幾者，動之微者，事之先見。」

㉕ 朱熹易本義以爲「物猶人也」，恐不當。人與聖人固同類，但與其它萬物在某種層次上也是同類，故荀

子正名篇說：「萬物雖衆，有時而欲偏擧之，故謂之物。物也者，大共名也。」今本乾彖傳「大哉乾元，萬物資始」、歸妹彖傳「天地不交而萬物不興」、繫辭上「坤作成物」等物字均不僅指人，朱氏未免把「各從其類」的類字看窄了。漢人還知此義，故新序雜事篇四說：「人君苟能至誠動於內，萬民必應而感移……動於天地……下及微物，咸得其所。」申鑒雜言篇下也說：「易稱『乾道變化，各正性命』，是言萬物各有性也；『觀其所感，而天地萬物之情可見矣』，是言情者應感而動者也。昆蟲草木皆有性焉，不盡善也；天地聖人皆稱情焉，不主惡也。」荀悅所說雖重在性情善惡的問題，但基本預設乃是上自天地、下至動植都是一脈相通，能互相感應。

㉘

周易及今本易傳從未提到被求問對象的身份、屬性，但從龜卜系統的情形類推，應該也不外是上帝、自然界諸神靈及祖先神。祖先神本是人的另一種存在形式，而且就時序而言，是先有陽界的某人，才有陰界某人的鬼神。自然界神靈或精物，據左傳保存的傳說，很多也是太古英雄死後轉化而成，前者如昭公元年所談到的參商、後者如昭公七年所說的鯀化爲黃能。因此除了上帝，中國古代觀念中的鬼神並非先於世界存在，乃是宇宙既成、規律已定後方有，所以按理它們應無超越自然規律的能耐。今本易傳否認鬼神能違道，究極而論，實是淵源有自，只是它釐清了一些其它相關的糾葛。據近人如楊寬、孫作雲等的研究，很多神話傳說中的上古英雄本被視爲動物神靈，或是某氏族的圖騰式的始祖，後來才被賦予偉人形像，也就是所謂的「神話歷史化」（the reverse process of euhemerization）。但這種與左傳說法背馳的研究成績並未動搖中國上古觀念中自然神靈非先世界存在，因而非超越體的認定。其次，從左傳上所顯示的，祖先神靈降禍、庇佑、作祟都須先請於帝，如僖公十年所載太子申生因晉惠公無禮將請帝以晉畀秦、成公十年所載趙氏祖先因晉景公妄滅趙族而請帝報仇；另外，從甲骨文中稱風神爲帝使鳳、稱雲爲帝雲，可見祖先神、自然界神靈都是上帝的部屬，猶人世間臣子與君父的關係，所以在古人意識裡，幽界對明界的干預絕不如後人想像中漫無限制，它們得循帝命。問題在於：宇宙規律可否與帝命等同？也就是說宇宙規律是上帝設計的嗎？如果是，上帝本身可否在既出命後再因本身的意欲予以變亂？先秦故籍對這關鍵點並沒提供多少線索可擬測。但大體而言，春秋以來人們似乎已認爲宇宙規律就是上帝意欲的展現，上帝本身是個具規範屬性的實體，規律以外別無上帝的意欲，因此無所謂上帝是否也須受制於宇宙規律的問題。要說受制，我們也只能說上帝受制於自身。人格天（帝）與形上天（道）在這層意義上是吻合爲一的。大小雅中確實常出現人對上帝的埋怨，認爲它「板板」、「罔極」，唐端正「論先秦諸子天人關係思想之發展」第一節說得好：這正顯示先民觀念中的上帝本是正義、有理性的，所以才會在經驗與理念不一時埋怨它，所謂「怨，親親也」；如果他們認爲上帝本就是偏私、無理則的，從何怨起？唐文載於一九六八年出版的新亞書院學術年刊第十期。

㉗ 參閱張光直「商周神話與美術中所見人與動物關係之演變」，原載於一九六三年出版的中研院民族學研究所集刊第十六期，後收於氏著「中國青銅時代」。

㉘ 今本繫辭上說：「精氣爲物，遊魂爲變，是故知鬼神之情狀。」韓康伯注：「精氣烟熅，聚而成物；聚極則散，而遊魂爲變也。遊魂言其遊散也。」古人以人靈魂能周流四方，所以招魂、大招均自四方上下呼索亡魂來復，而詠仙人的文章也以遠遊命篇。莊子講至人，眞（仙）人、神人，每以出入六合、遊乎無垠爲狀。詳參聞一多「神仙考」，收於氏著「神話與詩」。

㉙ 或許有人會指出今本繫辭上曾說：「一陰一陽之謂道，繼之者善也，成之者性也。」按：這幾句話不能割裂開來講，須放在整個今本易傳的思想脈絡中瞭解。「一陰一陽之謂道」就是「生生之謂易」，也就是「闔戶謂之坤，闢戶謂之乾，一闔一闢謂之變，往來不窮謂之通」，「日往則月來，月往則日來，日月相推而明生焉；寒往則暑來，暑往則寒來，寒暑相推而歲成焉；往者，屈也；來者，信也，屈信相感而利生焉」的另一種措辭，是指宇宙萬有始終處於動態，規律終始不停地在起作用，如今本乾象傳所說的天行健動不息。但這種往來不息的狀態得以呈現端靠一項素材，那就萬物的本性。「成之者性也」的性絕不只指人性，看下文「成性存存」——使萬有的本性都得以充足實踐，使各種存在得以繼續存在——可知。而且這個性也非如後世所說，是超越義的道德本心，乃是生之謂性的性。因各種生命有不同的本

質欲求，因欲求要求實現而有所爲，呼應該作爲而生反作用，萬有一來一往交織成一綿密不已的互動網，這就是宇宙的大化。至於生命所以會有因不容已的欲求而生的作爲，那又是因爲所有的生命都是由具內在衍生力與因彼此矛盾而來的外在化生力的八大元素構成。今本易傳以繼續保持這種運作爲善，所以說「繼之者善也」。這種以存在事實界定善將引生嚴重問題，最後難免得出凡存在都合理的推論；或者不以這些存在事實本身具有道德意義，但它們都服務於一項至高遠的道德目的，由此也將不免承認宇宙中必須有很多道德式的罪惡。尤有進者，萬有既由具內在衍生力與因彼此矛盾而來的外在衍生力的八大元素構成，宇宙勢必永在運行中，依理不出現不繼的問題。

㉚ 參閱張亨「荀子對人的認知及其問題」，載於一九七一年六月出版的臺灣大學文史哲學報第二十期。

㉛ 荀子天論篇說：「官人守天而自爲守道」或以官爲動詞，訓爲派任，大謬。榮辱篇：「……是天子之所以取天下也……是諸侯之所以取國家也……是士大夫之所以取田邑也；循法則度量刑辟圖籍，不知其義，謹守其數，愼不敢損益也，父子相傳，以持王公，是故三代雖亡，治法猶存，是官人百吏之所以取祿秩也。」君道篇：「……官人使吏之材也……士大夫官師之材也……卿相輔佐之材也。」彊國篇：「士大夫益爵；官人益秩；庶人益祿。」可知官人乃荀子專用詞彙，爲一名詞，與諸侯、士大夫等相對而言。荀子天論篇此處所言，即君道篇的「官人守數，君子養源」，也就是禮論篇的「士君子安行之，官人

以爲守」。

㉜今本繫辭下說：「天地之大德曰生。」，有的宋明儒據此，配合「生生之謂易」，以不斷創生爲天道的內容。這也是將片言單句割裂開來講。註㉙已指出宇宙不停地運作基於陰（地）、陽（天）的開闔，事物因此成毀相繼，說生生並非意謂只生不死，或無視於此生的成立往往有待於彼生的破壞，它重的是在相繼不已上。你可說生生不息，也可說死死緜延，但總是生了又死，陰了又陽。就這點因而言易；易，變化也。也可說復，所以今本復彖傳說：「復其見天地之心乎？」也可說恆，因宇宙間唯有變化這點始終不變，故今本蠱彖傳說：「終則有始，天行也。」今本恆彖傳也說：「觀其所恆，而天地萬物之情可見矣！」

㉝參閱陳遵嬀「中國天文學史」，Joseph Needham "Science and Civilization in China" 卷三。

㉞以人類的社會、政治和道德秩序都是遠「古之聰明睿知神武」的聖君或聖人有意創建，而他們所以能創制又非依賴外源，而特別強調依賴自身力量——心的理知與道德功能，乃是「人爲構成說」（anthropogenic constructivism），詳參林師毓生"The Crisis of Chinese Consciousness"第三章末。我完全承認：今本繫辭下「觀象制器」一章以人類文明史諸大進展成果，如貿易、宮室、文字等爲傑出個人的觀察發明，而非衆庶互動衍化的自然結果，實爲「人爲構成說」的嫡裔。本文只是期望

在戰國時期這共通思想的範圍內，就歷史個案推尋它形成的殊別因緣。

㉟皮錫瑞「經學通論」周易部份第十一節曾說：「經學有正傳、有別傳。以易而論，別傳非獨京氏而已，如孟氏之卦氣、鄭氏之爻辰，皆別傳也。」而皮氏乃是以是否說陰陽災異作經學正別的判準，本文雖不盡同意這判準，對京氏易是否是別傳也覺得有待進一步界定，但對卦氣、爻辰二說爲易學別傳的斷語，完全首肯。不過若從今本易傳乃是從上古巫術世業蛻變而來這個大觀點著眼，整個漢易都是正傳，雖然與今本易傳代表的易學比起來，不夠經虛涉曠，有些開倒車的現象。倒是王弼、程頤等的易學可謂「別子爲宗」了。

㊱有關疑古辨僞派的看法可參顧頡剛「周易卦爻辭中的故事」、梁啓超「陰陽五行說之來歷」。顧文原載於一九二九年十二月出版的燕京學報第六期；梁文原載於一九二三年五月出版的東方雜誌第二十卷第十號，後分別收於古史辨第三、第五冊。

㊲嚴格來說，誰是否是儒者只有天知、自知，因爲儒者不是一些外在行爲模式或師承所能決定，儒學是「默而成之」的道德實踐學問，有否眞正從事純化意念、變化習心的工夫只有個人良知能裁斷。中庸說得好：「君子之所不可及者，其唯人之所不見乎？」再者，儒者「仁以爲己任」，是「死而後已」，自然生命未終前，誰也不能保證自己不會一念翻淪禽獸。否則曾子臨終不會說戰戰兢兢，更不會因一簀於病

革之際尙堅持改易，不肯姑息。自己尙且不敢必，他人從何論定？

㊳ 參閱Robert C. Tucker "Philosophy and Myth in Karl Marx" 第五章。

㊴ 見「原儒」上卷原學統第二頁四〇A面、四一B面，原外王第三頁七一B面，下卷附錄頁八七A面。

㊵ 參閱牟宗三「心體與性體」第一冊第一部第一章第三節，第五章第九節，及唐君毅「中國哲學原論（原性篇）」第三章第一、二節。

㊶ 參閱林師毓生"The Crisis of Chinese Consciousness"第三章，或「五四式反傳統思想與中國意識的危機」。後文原載於一九七九年五月九日、十日中國時報副刊，後收於氏著「思想與人物」。

㊷ 參閱Isaiah Berlin "The Originality of Machiavelli"第三節，收於Henry Hardy 所編氏著"Against the Current"。

㊸ 參閱Friedrich A. Hayek "The Constitution of Liberty"第七章。

㊹ 參閱Karl R. Popper "The Open Society and its Enemies"第二冊第十七章。

㊺ 同註㊷。

㊻ 參閱張灝「幽闇意識與民主傳統」，載於一九八二年八月二十九日至九月六日中國時報副刊。

㊼ 參閱Michael Polanyi "The Personal Knowledge"第六章第八節。

㊽參閱前書第四章，及Thomas S. Kuhn "The Structure of Scientific Revolutions" 增訂第二版。

㊾今本繫辭上說：「形而上者謂之道；形而下者謂之器。」戴震「孟子字義疏」卷中指出，所謂「形乃品物之謂，非氣化之謂」，「形謂已成形質，形而上猶曰形以前；形而下猶曰形以後」，「不徒陰陽非形而下，如五行……有質可見固形而下也，器也，其五行之氣……則形而上者」程頤以通乎近代意義的形上、形下說今本易傳，實非原意。

㊿孟子盡心篇上：「君子之於物也，愛之而弗仁；於民也，仁之而弗親。親親而仁民，仁民而愛物。」朱注：「愛謂取之有時，用之有節。」是朱熹以惜解愛，此實先秦達詁。可見禽獸草木確在孟子仁心推及範圍之外。或許有人會指出；當時「庖有肥肉，廄有肥馬，民有饑色，野有餓莩，此率獸而食人也」，救民急如水火，何遑伸論下一步？於此際倡言盡物性，將不免助桀爲虐的嫌疑，當時人正坐「無名之指知赴齊楚求醫，心腹之患反不知」的失類病痛，豈能再誤導？按：今本易傳、中庸思想現世時代都晚於孟子，當時「狗彘食人食而不知檢，塗有餓莩而不知發」的情況怕只有過之而無不及，問題恐在於：今本易傳、中庸將人置於一個相當距離，視爲與其它存在同爲所討論的客體來討論，不似孔孟就個人仁心的當下呈現指點個人如何反身成己，進而成人。

51 論語鄉黨篇記載：「廐焚，子退朝，曰：『傷乎？』不問馬。」據王若虛「滹南遺老集」卷五論語辨惑二，知「或讀不爲否，而屬之上句，意……聖人至仁，必不賤畜而無所恤也。」王氏就駁斥：「義理之是非姑置勿論，且道世之爲文者有如此語法乎？故凡解經，其論雖高，而於文勢語法不順者亦未可遽從。」或人這種讀法正顯示宋代學者受「仁者以天地萬物爲一體」觀念影響之深，也間接反映孔孟儒學還未發展到這點。

52 荀子由於他對人性與天的看法，無從往這個方向發展，結果只知官天地、役萬物，落入極淺薄的實用主義，人類的人文社會再宏偉，在那洪荒大千中也不過是個孤寒的點。他不得爲儒門大宗在這方面也顯露出來。

主要參考引用書目

中文撰著者略依生卒年號排列
凡出版地為臺北者率不復註出

(一)

周易略例　三國・王　弼　臺灣商務印書館景印文淵閣四庫全書經部第一冊（一九八六、三、初版）

京氏易傳　三國・陸　績注　臺灣商務印書館四部叢刊初編縮本第四冊（一九七五、六、臺三版）

周易注疏　唐・孔穎達　學生書局（一九六七、一〇、景印初版）

周易集解　唐・李鼎祚　學生書局（一九七〇、六、景印初版）

東坡易傳　北宋・蘇　軾　臺灣商務印書館景印文淵閣四庫全書經部第三冊（一九八六、三、初版）

易本義　南宋・朱　熹　世界書局（一九七九、一〇、五版）

厚齋易學　南宋・馮　椅　臺灣商務印書館景印文淵閣四庫全書經部第十册(一九六八、三、初版)

周易集說　南宋・俞　琰　臺灣商務印書館景印文淵閣四庫全書經部第十五册(一九六八、三、初版)

易圖明辨　清・胡　渭　臺灣商務印書館景印文淵閣四庫全書經部第三八册(一九六八、三、初版)

周易古義　楊樹達　河洛圖書出版社(一九七四、五、景印初版)

周易探源　李鏡池　北平新華書局(一九七八、三、初版)

談易　戴君仁　台灣開明書店(一九六二、二、初版)

周易卦爻辭集釋　李漢三　中華叢書編審委員會(一九六九、六、初版)

漢石經周易殘字集證　屈萬里　中央研究院歷史語言研究所(一九六一、一二、初版)

讀易三種　屈萬里　聯經出版事業公司(一九八三、六、初版)

周易古經通說　高　亨　洪氏出版社(原樂天書局)(一九七七、九、

初版）

周易古經今注　高亨　華聯出版社（一九六九、五、初版）

周易雜論　高亨　山東濟南齊魯書社（一九七九、七、初版）

周易大傳今注　高亨　山東濟南齊魯書社（一九七九、六、初版）

周易思想研究　張立文　湖北人民出版社（一九八〇、八、初版）

(二)

春秋公羊傳何氏解詁　東漢・何休　臺灣中華書局（一九七〇、六、臺二版）

毛詩鄭箋　東漢・鄭玄　臺灣中華書局（一九六七、一一、臺二版）

禮記鄭注　東漢・鄭玄　新興書局（一九七二、二）

論語集解義疏　蕭梁・皇侃　廣文書局（一九六八、一、初版）

尚書正義　唐・孔穎達　臺灣中華書局（一九六八、六、臺二版）

春秋左傳正義　唐・孔穎達　藝文印書舘（一九七九、三、七版）

儀禮注疏　唐・賈公彥　臺灣中華書局（一九六八、六、臺二版）

周禮注疏　唐・賈公彥　臺灣中華書局（一九六八、六、臺二版）

經典釋文　唐・陸德明　鼎文書局（一九七五、三、二版）
春秋公羊傳注疏　唐・徐彥　臺灣中華書局（一九六八、六、臺二版）
四書集註　南宋・朱熹　臺灣書局（一九五九、一〇、初版）
書集傳　南宋・蔡沈　世界書局（一九七二、八、四版）
黃氏日抄　南宋・黃震　大化書局（一九八四、二、二版）
尚書後案　清・王鳴盛　漢京文化事業有限公司重編本皇清經解第四冊（不著出版年月及版數）
孟子字義疏證　清・戴震　大化書局戴東原先生全集（一九七八、四、景印初版）
禮記集解　清・孫希旦　文史哲出版社（一九八二、一〇、三版）
古文尚書撰異　清・段玉裁　漢京文化事業有限公司重編本皇清經解第五冊（不著出版年月及版數）
說文解字注　清・段玉裁　藝文印書館（一九七三、八、二版）
大戴禮記補注　清・孔廣森　藝文印書館百部叢書集成之九四畿輔叢書第

四函（一九六六、景印）

尚書今古文注疏　清・孫星衍　臺灣中華書局（一九六六、臺一版）

儀禮古今文異同疏證　清・徐養原　漢京文化事業有限公司重編本皇清經解續編第十冊（不著出版年月及版數）

孟子正義　清・焦　循　世界書局（一九五六、二、初版）

經籍纂詁　清・阮　元　世界書局（一九六三、三、四版）

經義述聞　清・王引之　廣文書局（一九七九、二、二版）

毛詩傳箋通釋　清・馬瑞辰　臺灣中華書局（一九八〇、一、臺三版）

詩毛氏傳疏　清・陳　奐　學生書局（一九七〇、九、景印初版）

論語正義　清・劉寶楠　世界書局（一九五六、二、初版）

東塾讀書記　清・陳　澧　廣文書局（一九七〇、三、初版）

尚書孔傳參正　清・王先謙　中央研究院傅斯年紀念圖書館藏光緒三十年虛受堂本

今文尚書考證　清・皮錫瑞　藝文印書館（一九五六、初版）

經學歷史　清・皮錫瑞　藝文印書館（一九六六、九、初版）
經學通論　清・皮錫瑞　上海商務印書館（一九三三、初版）
甲骨文字研究　郭沫若　上海大東書局（一九三一、五、初版）
兩周金文辭大系考釋　郭沫若　北平科學出版社（一九五七、修訂本）
兩漢經學今古文平議　錢穆　三民書局（一九七一、八、臺初版）
殷虛卜辭綜述　陳夢家　北平科學出版社（一九五六）
尙書通論　陳夢家　上海商務印書館（一九五七、七、初版）
武威漢簡（敍論）　陳夢家　北平文物出版社（一九六四、九、初版）
漢石經尙書殘字集證　屈萬里　中央研究院歷史語言研究所（一九六三、七、初版）
古籍導讀　屈萬里　臺灣開明書店（一九七〇、九、四版）
書傭論學集　屈萬里　臺灣開明書店（一九八〇、一、二版）
尙書集釋　屈萬里　聯經出版事業公司（一九八三、二、初版）
論語譯注　楊伯峻　明倫出版社（一九七一、一〇、初版）

春秋左傳注　楊伯峻　源流文化事業有限公司（一九八二、四、再版）
禮記校注　王夢鷗　藝文印書舘（一九七六、一二、初版）
甲骨文字集釋　李孝定　中央研究院歷史語言研究所（一九七〇、一〇、二版）
經今古文學問題新論　黃彰健　中央研究院歷史語言研究所（一九八二、一一、初版）
王制著成之時代及其制度與周禮之異同　陳瑞庚　嘉新水泥公司文化基金會研究論文第二〇三種（一九七二、五、初版）

㈢

漢紀　東漢・荀　悅　臺灣商務印書舘（一九七四、一一、臺二版）
戰國策　東漢・高　誘注　藝文印書舘（一九七四、三、三版）
國語韋昭注　三國・韋　昭　藝文印書舘（一九七四、三、三版）
穆天子傳　東晉・郭　璞注　臺灣商務印書舘四部叢刊初編縮本第二七册（一九七五、六、臺三版）

隋書　唐・魏徵　藝文印書舘（一九七二、未著版數）
原抄本日知錄　清・顧炎武　明倫出版社（一九七〇、一〇、三版）
十駕齋養新錄　清・錢大昕　廣文書局（一九六八、一、初版）
文史通義　清・章學誠　漢聲出版社（一九七三、二、重印三版）
逸周書集訓校釋　清・朱右曾　世界書局（一九五七、一、初版）
漢書補注　清・王先謙　藝文印書舘（一九七二、未著版數）
後漢書集解　清・王先謙　藝文印書舘（一九七二、未著版數）
周書校補　清・孫詒讓　臺灣商務印書舘（一九七七、二、臺初版）
晉書斠注　吳士鑑　藝文印書舘（一九七二、未著版數）
殷曆譜　董作賓　四川李莊中央研究院歷史語言研究所（一九四五、初版）
青銅時代　郭沫若　北平人民出版社（一九五四、初版）
古史辨　顧頡剛　萬年青書店（一九七〇、三、初版）
漢書藝文志講疏　顧實　廣文書局（一九七〇、二、初版）

先秦諸子繫年　錢　穆　香港香港大學出版社（一九六七、六、增訂初版）

兩周文史論叢　岑仲勉　上海商務印書館（一九五八、四、初版）

中國天文學史　陳遵嬀　明文書局（一九八五、五、初版）

僞書通考　張心澂　香港友聯出版社（不著出版年月與版數）

李亞農史論集　李亞農　坊間翻印本

先秦文史資料考辨　屈萬里　聯經出版事業公司（一九八三、二、初版）

古本竹書紀年輯證　方詩銘　王修齡　華世出版社（一九八三、二、景印初版）

中國青銅時代　張光直　香港香港中文大學出版社（一九八二、初版）

中國知識階層史論（古代篇）　余英時　聯經出版事業公司（一九八〇、八、初版）

春秋至兩漢時期中國向南方的發展　蕭　璠　國立臺灣大學文學院文史叢刊第四一種（一九七三、二、初版）

周書研究　黃沛榮　國立臺灣大學研究圖書館藏國立臺灣大學中

國文學研究所一九七六年博士畢業論文

史記會注考證　日本・瀧川龜太郎　藝文印書館（一九七二、二、大一版）

(四)

六韜　題西周・姜尚　臺灣商務印書館四部叢刊初編縮本第二〇冊（一九七五、六、臺三版）

說苑　西漢・劉向　世界書局（一九六六、三、二版）

新序　西漢・劉向　世界書局（一九六六、三、二版）

申鑒　東漢・荀悅　世界書局（一九六二、四、初版）

老子王弼注　三國・王弼　河洛圖書出版社（一九七四、一〇、臺景印初版）

孔叢子　北宋・宋咸注　臺灣中華書局（一九七〇、四、臺二版）

張子全書　北宋・張載　臺灣中華書局（一九七六、九、臺三版）

二程集　北宋・程顥　程頤　里仁書局（一九八二、三、不著版數）

朱子語類　南宋・黎靖德編　正中書局（一九六二、一〇、臺初版）

讀書雜志　清・王念孫　洪氏出版社（原樂天書局）（一九七六、九、初版）
諸子平議　清・俞樾　世界書局（一九五五、一一、臺初版）
管子學　清・張佩綸　臺灣商務印書館（一九七一、五、初版）
韓詩外傳校注附拾遺　清・周廷寀　藝文印書館安徽叢書第三函（一九七一、一二、景印初版）
荀子集解　清・王先謙　世界書局（一九八一、一〇、十版）
校正莊子集釋　清・郭慶藩　世界書局（一九七一、七、三版）
定本墨子閒詁　清・孫詒讓　世界書局（一九七二、一〇、八版）
韓非子集解　清・王先愼　世界書局（一九八三、三、八版）
法言義疏　汪榮祖　藝文印書館（一九六八、六、二版）
商君書解詁定本　朱師轍　河洛圖書出版社（一九七五、三、臺景印初版）
淮南鴻烈集解　劉文典　臺灣商務印書館（一九六九、八、臺初版）
原儒　熊十力　大明王氏出版公司（一九七五、八、四版）

中國哲學史　馮友蘭　坊間翻印本
貞元六書　馮友蘭　坊間翻印本
論衡校釋　黃　暉　臺灣商務印書館（一九八三、一三、臺六版）
呂氏春秋集釋　許維遹　世界書局（一九五八、五、初版）
管子集校　郭沫若　聞一多　許維遹　北平科學出版社（一九五六、三、初版）
荀子柬釋　梁啟雄　河洛圖書出版社（一九七四、一三、臺灣景印初版）
中國哲學原論（原性篇）　唐君毅　香港新亞書院研究所（一九六八、二、初版）
鄒衍遺說考　王夢鷗　臺灣商務印書館（一九六六、三、臺初版）
莊子校釋　王叔岷　臺聯國風出版社（一九七二、三、重刊）
心體與性體　牟宗三　正中書局（一九七三、一〇、臺二版）
中國哲學史（一、二卷）　勞思光　香港香港中文大學崇基書院（一九七一、一〇、初版）

中國哲學史（三卷）　勞思光　香港友聯出版社（一九八〇、六、初版）

馬王堆漢墓帛書（壹）　馬王堆漢墓帛書整理小組編　北平文物出版社（一九七五、一、初版）

帛書老子　河洛圖書出版社編輯部　河洛圖書出版社（一九七五、三、臺排印初版）

㈤

藝文類聚　唐・歐陽詢編　文光出版社（一九七七、八、初版）

文選　唐・李善注　藝文印書舘（一九七一、三、六版）

太平御覽　北宋・李昉等編　臺灣商務印書舘（一九八〇、六、臺四版）

歐陽文忠公全集　北宋・歐陽修　臺灣商務印書舘四部叢刊初編縮本第四九、五〇册（一九七五、六、臺三版）

楚辭補注　北宋・洪興祖　臺灣中華書局（一九六六、一一、臺初版）

朱文正公文集　南宋・朱熹　臺灣商務印書舘四部叢刊初編本第五八、五九册（一九七五、六、臺三版）

滹南遺老集　金・王若虛　臺灣商務印書館四部叢刊初編本第七二冊（一九七五、六、臺三版）

全上古三代秦漢六朝文　清・嚴可均　世界書局（一九六一、三、初版）

龔自珍全集　清・龔自珍　河洛圖書出版社（一九七五、九、臺景印初版）

王觀堂先生全集　王國維　文華出版公司（一九六八、三、初版）

朱希祖先生文集　朱希祖　九思出版社（一九七九、七、臺初版）

神話與詩　聞一多　臺中藍燈文化事業股份有限公司（一九七五、九、不著版數）

文心雕龍注　范文瀾　臺灣開明書店（一九五八、四、臺初版）

管錐篇　錢鍾書　香港九龍太平圖書公司（一九八〇、二、初版）

世說新語校箋　楊　勇　明倫出版社（一九七二、二、再版）

㈥

Berlin, Isaiah. <u>Against the Current</u>. Ist ed. Oxford: Oxford University Press, 1981.

Chang, Kwang-chih. The Archaeology of Ancient China. 3rd ed. New Haven: Yale University Press, 1976.

Hayek, Friedrich A. The Constitution of Liberty. 1st ed. Chicago: The University of Chicago Press, 1960.

Kuhn, Thomas S. The Structure of Scientific Revolutions. 2nd enlarged ed. Chicago: The University of Chicago Press, 1970.

Lin, Yü-sheng. The Crisis of Chinese Consciousness. 1st ed. Madison: The University of Wisconsin Press, 1979.

Needham, Joseph. Science and Civilization in China. 1st ed. Cambridge: Cambridge University Press, 1956.

Popper, Karl R. The Open Society and its Enemies. 5th ed. Princeton: Princeton University Press, 1966.

Polanyi, Michael. The Personal Knowledge. Corrected ed. Chicago: The University of Chicago Press, 1962.

Tucker, Robert. *Philosophy and Myth in Karl Marx*. 2nd ed. Cambridge University Press, 1972.

Weber, Max. *The Protestant Ethic and the Spirit of Capitalism*. London: Allen & Unwin, 1976.

凡本書引用論文未收入專著者，率已于注中詳敍出版刊物名稱、卷期數，及出版年月，故不復列舉，尙祈見諒。